내신공략! 독해공략!

내공
중학영어독해

기본2

내공 중학영어독해 기본 ❷

지은이 Michael A. Putlack, 류혜원, 원아름
펴낸이 정규도
펴낸곳 (주)다락원

초판 1쇄 발행 2016년 10월 10일
초판 9쇄 발행 2023년 11월 10일

편집 서정아, 서민정
디자인 더페이지(www.bythepage.com)
영문 감수 Michael A. Putlack

🏫 **다락원** 경기도 파주시 문발로 211
내용문의 (02)736-2031 내선 503
구입문의 (02)736-2031 내선 250~252
Fax (02)732-2037
출판등록 1977년 9월 16일 제 406-2008-000007호

ISBN 978-89-277-0787-5 54740
        978-89-277-0783-7 54740 (set)

http://www.darakwon.co.kr
다락원 홈페이지를 방문하시면 상세한 출판정보와 함께
동영상강좌, MP3자료 등 다양한 어학 정보를 얻으실 수 있습니다.

내신공략! 독해공략!

내공
중학영어독해

기본2

DARAKWON

구성 및 특징

Unit별로 다양한 주제의 지문 4개를 학습합니다. 레벨이 올라갈수록 지문의 주제와 내용도 점점 다양해집니다.

지문 정보 요약 ●

지문의 주제, 단어 수, 난이도를 한눈에 확인할 수 있습니다.
(난이도 상 ★★★, 중 ★★☆, 하 ★☆☆)

GRAMMAR in Textbooks

Unit마다 각 학년별 교과서와 연계된 문법사항이 2개씩 수록되어 있습니다.

Space | 166 words | ★★★

What are the planets in the solar system?

12 Mercury: The Cold Planet

*Mercury is the smallest of the eight planets in the solar system. It's also the closest planet to the Sun. Naturally, it's very hot on the planet. During the day, the temperature on Mercury can reach 430 degrees Celsius. That's too hot for anything to live.

At night, Mercury isn't hot. In fact, it gets really cold on the dark side of the planet. The temperature there can drop as low as –180 degrees Celsius. Would you like to know why it gets so cold there?

There are a couple of reasons. First, Mercury rotates very slowly. Earth turns around completely in 24 hours. But Mercury does the same thing in 59 Earth days. So half of the planet is dark for a long, long time. Mercury doesn't have an atmosphere either. Without an atmosphere, the planet can't trap any heat. So the heat from the Sun goes into space. Those reasons make the dark side of Mercury much colder than any place on Earth.

*Mercury 수성

GRAMMAR in Textbooks

▶ 간접의문문: 의문문이 문장의 일부로 쓰일 때, '의문사 + 주어 + 동사'의 어순을 따른다.
Do you know **where he lives**? 너는 그가 어디 사는지 아니?
Why they disappeared is still a mystery. 그들이 왜 사라졌는지는 여전히 미스터리이다.

42 | 내공 중학영어독해 기본 2

Unit별 주요 어휘 학습

Unit별 주요 어휘와 숙어를 한데 모아 제시했습니다. 상단 QR코드 스캔 시 원어민 성우의 발음을 확인해볼 수 있습니다.

Before Reading

1 글의 주제로 알맞은 것은?

① Where Mercury is
② The size of Mercury
③ Why Mercury is cold
④ The rotation of Mercury
⑤ The planets in the solar system

2 글에 따르면, 수성의 자전 주기는?

① 8 hours   ② 24 hours   ③ 430 hours
④ 59 days   ⑤ 180 days

3 수성에 관한 글의 내용과 일치하지 않는 것은?

① 태양계에서 가장 작은 행성이다.
② 태양과 가장 가까운 행성이다.
③ 낮에는 온도가 섭씨 430도에 이르기도 한다.
④ 밤에는 온도가 영하로 내려간다.
⑤ 두터운 대기가 태양열을 차단한다.

≫ 서술형
4 글의 내용과 일치하도록 다음 질문에 답하시오.

Q: What happens if a planet does not have an atmosphere?
A: _____

≫ 서술형
5 Find the word in the passage which has the given meaning.

_____ : a measure of how hot or cold
something is

Expand Your Knowledge

제2의 지구, 화성
우주 과학자들은 화성에 많은 관심을 기울이고 있다. 그 이유는 화성에 생명체가 생존할 수 있는 가능성이 많기 때문이다. 그 근거로는 화성은 지구처럼 암석으로 이루어져 있어 착륙이 가능하고 대기가 존재한다는 점, 자전축이 지구와 비슷하게 25도 기울어져 있고 하루가 24시간 37분이라는 점, 태양계에서 온도 변화가 가장 적다는 점이 있다. 또한, 과거에 물과 생명체의 흔적도 발견되었다. 그러나 이와 반대되는 주장도 있는데, 화성의 평균 온도가 약 −50도로 매우 낮아 생명체가 살기에 적합하지 않고, 기압이 지구의 약 1%밖에 되지 않으며, 대기의 대부분이 이산화탄소라는 점 등을 이유로 들고 있다.

UNIT 03   43

지문 이해도 확인

주제 찾기, 세부사항 파악, 추론 등 지문의 이해도를 높여주는 독해 문제와 내신 대비 서술형 문제가 수록되어 있습니다. 지문마다 4~5문제가 출제되며, 지문에 따라 Summary 문제가 수록되어 있습니다.

● **지문 QR코드**
QR코드를 스캔만 하면 해당 지문의 MP3 파일을 바로 들어볼 수 있습니다. 스마트 기기에 QR코드 인식앱을 설치한 후 사용하세요.

● **Expand Your Knowledge**
지문과 관련된 배경지식과 상식을 넓힐 수 있습니다.

focus On Sentences

Workbook   Final Test

Unit별 주요 구문 복습

독해 지문에서 해석이 어렵거나 독해에 필요한 중요 구문만을 뽑아 복습할 수 있도록 정리했습니다.

Workbook
Unit별 중요 어휘, 문법, 구문을 다양한 문제와 새로운 예문을 통해 복습할 수 있습니다.

내신 대비 Final Test(온라인 부가자료)
Unit별 어휘, 문법, 독해 지문을 학교 내신기출 유형으로 풀어볼 수 있습니다. 시험을 보는 기분으로 문제를 풀어보세요.

목차

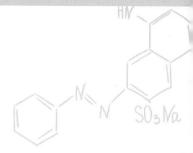

기본 1·2

	기본 1	교과 과정	기본 2	교과 과정
Unit 01	(a) few/(a) little	중2	to부정사의 부사적 용법(원인)	중2, 중3
	keep+목적어+형용사	중2	지각동사	중2
Unit 02	현재완료	중2	It ~ for+명사(목적격)+to부정사	중3
	현재완료 계속	중2	to부정사의 부정	중2, 중3
Unit 03	to부정사의 형용사적 용법	중2	enough+to부정사	중2, 중3
	수동태	중2	간접의문문	중2, 중3
Unit 04	want+목적어+to부정사	중2, 중3	so ~ that …	중2, 중3
	too ~ to부정사	중2	의문사+to부정사	중2, 중3
Unit 05	사역동사	중2, 중3	관계대명사 what	중2, 중3
	동등 비교	중1, 중2, 중3	부분 부정	중2, 중3
Unit 06	주격 관계대명사	중2	관계부사	중2, 중3
	not only A but also B	중2, 중3	because of	중2, 중3
Unit 07	목적격 관계대명사	중2, 중3	비교급을 이용한 최상급 표현	중1, 중2
	감정을 나타내는 분사	중2, 중3	the+비교급, the+비교급	중2, 중3
Unit 08	재귀대명사	중2	현재분사/과거분사	중2, 중3
	양보 접속사 although	중2, 중3	It is/was ~ that … 강조 구문	중2, 중3

Unit **01**

GRAMMAR in Textbooks

· to부정사의 부사적 용법(원인)
Most people are excited **to receive** silk items as presents.

· 지각동사
Their owners love to **see their dogs playing** with others or **spending** time with young children.

01
Unique Service Animals

• unique	형 독특한	• intelligent	형 지능이 있는, 똑똑한
• nursing home	명 양로원	• personality	명 성격
• owner	명 주인	• weigh	동 무게가 ~이다
• elderly	형 연세가 많은	• indoors	부 실내에서
• pet	동 쓰다듬다	• blind	형 눈이 먼
• entertain	동 즐겁게 해주다	• deaf	형 귀가 안 들리는
• do tricks	재주를 부리다	• handicap	명 장애
• highly	부 매우, 고도로		

02
Silk Farmers

• silk	명 비단, 실크	• raise	동 키우다, 기르다
• scarf	명 스카프	• picky	형 까다로운
• excited	형 신이 난, 들뜬	• feed	동 먹이를 주다
• receive	동 받다	• spin	동 돌다; *(고치를) 짓다
• present	명 선물	• boil	동 끓이다
• silkworm	명 누에	• unwind	동 (감긴 것을) 풀다

03
The Spy Who Wrote Me

• go well	잘 되어가다	• similar to	~와 비슷한
• win against	~을 이기다, 물리치다	• interest	동 ~의 흥미를 끌다
• navy	명 해군	• publish	동 출간하다
• spy	명 스파이, 정보원	• novel	명 소설
• come up with	~을 생각해내다	• adventure	명 모험
• steal	동 훔치다	• copy	명 (책·신문 등의) 한 부
• code	명 암호	• fictional	형 허구의, 소설의
• communication	명 통신 (수단)		

04
The Golden Retriever Festival

• head to	~로 향하다	• breed	동 사육하다, 재배하다 명 품종
• once	부 한때		
• destroy	동 파괴하다	• among	전 ~ 중에
• mind	동 신경 쓰다, 상관하다	• be known for	~로 알려져 있다
• honor the memory of	~을 추모하다	• kindness	명 친절, 다정함
		• cheerful	형 쾌활한
• annual	형 매년 있는	• nature	명 천성, (타고난) 성격
• breeder	명 사육사	• have a problem -ing	~하는 데 어려움을 겪다

영어는 우리말로, 우리말은 영어로 쓰시오. ▶단어/숙어 기본 연습

1	nursing home	_____	21 쓰다듬다	p_____
2	elderly	_____	22 entertain	_____
3	raise	_____	23 귀가 안 들리는	d_____
4	쾌활한	c_____	24 handicap	_____
5	주인	o_____	25 받다	r_____
6	destroy	_____	26 silkworm	_____
7	adventure	_____	27 picky	_____
8	excited	_____	28 한때	o_____
9	선물	p_____	29 code	_____
10	highly	_____	30 communication	_____
11	intelligent	_____	31 interest	_____
12	personality	_____	32 소설	n_____
13	눈이 먼	b_____	33 fictional	_____
14	breeder	_____	34 훔치다	s_____
15	스카프	s_____	35 친절, 다정함	k_____
16	먹이를 주다	f_____	36 annual	_____
17	spin	_____	37 천성, (타고난) 성격	n_____
18	끓이다	b_____	38 win against	_____
19	unwind	_____	39 do tricks	_____
20	indoors	_____	40 among	_____

다음 우리말과 같도록 빈칸에 알맞은 말을 쓰시오. ▶문장 속 숙어 확인

1 Their project didn't _____ _____. 그들의 계획은 잘되지 않았다.

2 Your watch is _____ _____ mine. 네 시계는 내 것과 비슷하다.

3 The Caribbean _____ _____ _____ its beautiful beaches.
카리브해 지역은 아름다운 해변들로 알려져 있다.

4 How did you _____ _____ _____ this idea?
어떻게 이 아이디어를 생각해냈니?

5 They _____ _____ _____ _____ a place to
live. 그들은 살 곳을 찾는 데 어려움을 겪고 있다.

01 Unique Service Animals

How do animals
help people?

Sherman is a service animal. He visits nursing homes in New Jersey with his owner. The elderly people love petting Sherman. He entertains everyone by doing various tricks. He puts smiles on people's faces. Sherman isn't a dog though. He's a 50-kilogram pig.

*Potbellied pigs are highly intelligent animals. (A) They also do not grow to very large sizes. (B) Some scientists say they are as smart as dogs. (C) They have great personalities and love being around people. Most of them never weigh more than 70 kilograms. So they can live indoors in people's homes. People can even train them to use the bathroom like dogs. 5

And, like dogs, potbellied pigs make great service animals. These days, lots of people are training them as service animals. They help the blind and deaf. They help people with various handicaps. Some service pigs have even saved their owners by pulling ⓐ them from burning homes and other dangerous situations. So in the future, it's possible that *seeing-eye pigs may be just as popular as seeing-eye dogs. 15

*potbellied pig 배불뚝이 돼지
*seeing-eye 맹인 안내의

1 (A)~(C)를 글의 흐름에 알맞게 배열한 것은?

① (A)-(B)-(C)　　　　② (A)-(C)-(B)

③ (B)-(A)-(C)　　　　④ (B)-(C)-(A)

⑤ (C)-(B)-(A)

2 밑줄 친 Potbellied pigs에 관한 글의 내용과 일치하지 <u>않는</u> 것은?

① 개만큼이나 영리하다.

② 사람들에게 친화적인 성격이다.

③ 태어났을 때 무게는 70킬로그램 정도이다.

④ 집 안에서 살기도 한다.

⑤ 개들처럼 훈련시킬 수 있다.

3 글의 밑줄 친 ⓐ them이 가리키는 것은?

① service animals　　　② the blind and deaf

③ people with various handicaps　　④ some service pigs

⑤ their owners

※ 서술형

4 글의 내용과 일치하도록 다음 질문에 답하시오.

Q: How does Sherman entertain people?

A: He does _____.

※ 서술형

5 다음 빈칸에 알맞은 단어를 글에서 찾아 쓰시오.

> _____ _____ like Sherman are great
> service animals. They can help both _____
> and deaf people.

02 Silk Farmers

Q

Do you have any items made of silk?

People everywhere wear clothes and accessories made of silk, such as ties, scarves, blouses, and shirts. Most people are excited to receive silk items as presents. Yet many don't know where silk comes from.

Silk comes from the *cocoons of silkworms. Silk farmers in China, India, Thailand, and other Asian countries raise silkworms to get their silk. Silk farming is not easy. Silkworms are very picky eaters. They only eat the leaves of *mulberry trees or fruit. Silk farmers must feed their silkworms several times each day. It is hard work to make sure the silkworms get enough food to eat.

When a silkworm gets older, it starts spinning a cocoon. (a) If the farmer leaves the cocoon alone, a butterfly will come out in three days. (b) Instead, the farmer takes the cocoon and boils it. (c) Then, the farmer unwinds the silk from the cocoon. (d) It takes many cocoons to get enough silk to make a single blouse. (e) Most silk clothes sell for high prices. Silk farming is hard work. But silk farmers have done the same thing for centuries.

5

10

15

20

*cocoon: (곤충의) 고치
*mulberry tree: 뽕나무

GRAMMAR in Textbooks

4행 ▶ to부정사의 부사적 용법(원인): 감정을 나타내는 형용사 뒤에 to부정사가 쓰이면 감정의 원인을 나타낸다. '~해서', '~하니'로 해석한다.
I'm glad **to meet** you. 만나서 반갑습니다.
Ann was very surprised **to see** him there. Ann은 거기서 그를 보고 매우 놀랐다.

1 글의 주제로 가장 알맞은 것은?

① How silk farmers get silk
② Why people raise silkworms
③ The ways that people use silk
④ The life cycle of the silkworm
⑤ The proper way to care for silkworms

2 누에에 관한 글의 내용과 일치하지 <u>않는</u> 것은?

① 중국, 인도, 태국 등에서 키운다.
② 키우기가 매우 까다롭다.
③ 뽕잎이나 그 열매를 먹는다.
④ 먹이는 하루에 한 번만 먹는다.
⑤ 고치를 내버려 두면 나비가 된다.

3 글의 (a)~(e) 중, 전체 흐름과 관계 <u>없는</u> 문장은?

① (a)　　　　② (b)　　　　③ (c)　　　　④ (d)　　　　⑤ (e)

※　서술형

4 Find the word in the passage which has the given meaning.

_____: liking very few things and being difficult to please

✔ *Summary*　**Use the words in the box to fill in the blanks.**

boil	silk	cocoons	silkworms

_____ is popular for clothes and accessories. Silk farmers in Asian countries raise _____. Feeding them is hard work because they only eat a few foods. After silkworms make cocoons, the famers _____ the cocoons. Then, they can get the silk from the cocoons. Farmers need many _____ to get enough silk to make clothes.

03 The Spy Who Wrote Me

Have you seen
any James Bond
movies?

"Ian, the war isn't going well. We must win against the Germans. Think of some good ideas," said *Admiral Godfrey. It was the middle of World War II. Ian was in the British Navy and was working as a spy. He came up with many ideas to fight the Germans. The British liked some of them. Ian came up with a plan to steal the secret codes that the Germans used 5 for communications. The Navy never used it. But another group used a plan similar to his and was successful.

After the war ended, Ian stopped working as a spy. But the lives of spies interested him very much. So he started writing about them. In 1952, he published his first novel. The title was *Casino Royale*. It was 10 about the adventures of a British spy. The spy's name was James Bond, and his code number was 007. Ian Fleming wrote 13 more books about James Bond. His works sold millions of copies and helped James Bond become the world's most famous fictional spy.

15

*admiral: 제독 (해군 함대의 사령관)

1 글의 주제로 가장 알맞은 것은?

① Why *Casino Royale* became popular
② Why James Bond is a famous person
③ How Ian Fleming created James Bond
④ How the British won against the Germans
⑤ When Ian Fleming worked for the British Navy

2 Ian Fleming에 관한 글의 내용과 일치하지 <u>않는</u> 것은?

① 2차 세계 대전 중 영국군의 스파이로 일했다.
② 전쟁 후 스파이 일을 그만두었다.
③ 그의 첫 작품 제목은 *Casino Royale*이다.
④ James Bond는 그의 소설 속 등장인물이다.
⑤ James Bond에 관해 총 13권의 책을 썼다.

※ 서술형
3 글의 내용과 일치하도록 다음 질문에 답하시오.

Q: Why did Ian Fleming start writing about spies?
A: Because _____

※ 서술형
4 Find the word in the passage which has the given meaning.

_____: invented for a book or story

04 The Golden Retriever Festival

Q

What is your favorite dog breed?

Every year since 2006, hundreds of people head to Tomich, Scotland. They are going to Guisachan House. It was once the home of *Lord Tweedmouth. Today, the house is nearly destroyed, and only a couple of walls are still there. But the visitors don't mind. They stand quietly to honor the memory of Lord Tweedmouth. Their dogs are quiet, too. 5

What are they doing with dogs? The people and dogs are there for the annual Golden Retriever Festival. Lord Tweedmouth was a dog breeder. In the late 1860s, he bred the first Golden Retrievers. Today, they are among the most popular dog breeds around the world.

Golden Retrievers are excellent with people and are known for 10 their kindness and cheerful nature. Their owners love to see their dogs playing with other dogs or spending time with young children. At the festival, there are all kinds of games, contests, and shows for the dogs.

There's only one problem. With more than 200 similar-looking dogs at the festival, some owners have problems finding their dogs. 15

*lord (영국에서 귀족을 칭하는) 경

GRAMMAR in Textbooks

11행 ▶ see + 목적어 + 동사원형/현재분사: ~가 …하는 것을 보다

see, watch, hear, feel, smell 등과 같은 지각동사는 목적보어로 동사원형이나 현재분사가 쓰인다. 이때 현재분사가 쓰이면 동작이 진행 중임을 나타낸다.

I often **see** her **play** the piano. 나는 그녀가 피아노 치는 것을 자주 본다.
Did you **hear** the boys **fighting** each other? 그 남자 아이들이 서로 싸우는 소리 들었어?
Can you **smell** something **burning**? 뭔가 타고 있는 냄새를 맡을 수 있니?

1   What is the passage mainly about?

　① A breed of dogs
　② A famous dog breeder
　③ Owners and their dogs
　④ A special event for dogs
　⑤ An old house in Scotland

2   골든 리트리버 축제에 관한 글의 내용과 일치하면 T, 그렇지 않으면 F를 쓰시오.

　(1) It takes place at the home of Lord Tweedmouth. _____

　(2) Several breeds of dogs go to the festival each year. _____

3   글을 통해 Tweedmouth 경에 관해 알 수 <u>없는</u> 내용은?

　① He lived in Guisachan House.
　② He was alive in the 1860s.
　③ He liked dogs.
　④ He bred a type of dog.
　⑤ He had a cheerful nature.

※ 서술형

4   글의 내용과 일치하도록 다음 질문에 답하시오.

　Q: What activities are there at the festival?
　A: There are _____.

※ 서술형

5   글의 밑줄 친 <u>one problem</u>이 의미하는 내용을 우리말로 쓰시오.

_____

focus On Sentences

A 다음 문장을 밑줄 친 부분에 유의하여 우리말로 해석하시오.

1 It's possible that seeing-eye pigs may be just <u>as popular as</u> seeing-eye dogs.

_____

2 Most people are excited <u>to receive</u> silk items as presents.

_____

3 It <u>takes many cocoons to get</u> enough silk to make a single blouse.

_____

4 Their owners love to <u>see their dogs playing</u> with other dogs or <u>spending</u> time with young children.

_____

B 우리말과 같은 뜻이 되도록 주어진 말을 바르게 배열하시오.

1 그는 사람들을 미소 짓게 한다.

He _____ .

      (faces, smiles, puts, people's, on)

2 하지만 많은 사람들이 실크가 어디에서 나오는지 모른다.

Yet many don't know _____ .

                        (from, where, comes, silk)

3 만약 농장주가 고치를 내버려두면 3일 후에 나비가 나올 것이다.

If the farmer leaves the cocoon alone, a butterfly _____ .

                                    (in, days, come, three, will, out)

C 우리말과 같은 뜻이 되도록 빈칸에 알맞은 말을 쓰시오.

1 Ian은 독일군이 통신에 사용하는 비밀 암호를 훔칠 계획을 생각해냈다.

Ian _____ _____ _____ a plan to steal the secret codes that the Germans used for communications.

2 골든 리트리버는 그들의 다정함과 쾌활한 성격으로 알려져 있다.

Golden Retrievers _____ _____ _____ their kindness and cheerful nature.

3 일부 주인들은 자신들의 개를 찾는 데 어려움을 겪는다.

Some owners _____ _____ _____ their dogs.

Unit 02

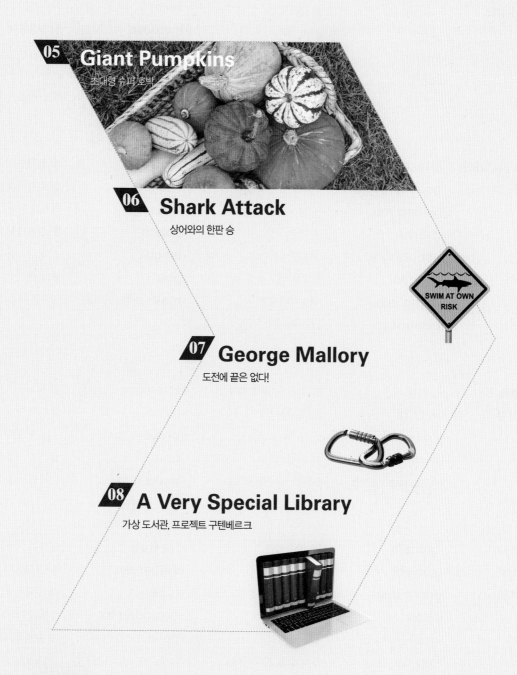

GRAMMAR
in
Textbooks

· It ~ for+명사(목적격)+to부정사
It is difficult **for most people to think** clearly in this kind of situation.

· to부정사의 부정
He wanted people **not to pay** for these works.

05
Giant
Pumpkins

• giant	형 거대한	• set a world record	세계 신기록을 세우다
• pumpkin	명 호박	• increase	동 증가하다
• seed	명 씨, 씨앗	• constantly	부 끊임없이
• inside	명 속, 내부	• take care of	~을 돌보다
• scary	형 무서운	• amazing	형 놀라운

06
Shark Attack

• attack	명 공격 동 공격하다	• grab	동 붙잡다
• go -ing	~하러 가다	• hesitate	동 주저하다
• fishing rod	명 낚싯대	• in danger	위험에 처한
• shore	명 해안	• punch	동 주먹으로 치다
• get ready to	~할 준비를 하다	• let go	놓다
• suddenly	부 갑자기	• pull	동 끌어당기다
• bump into	~와 부딪치다	• make it back to	~로 돌아오다
• disappear	동 사라지다		

07
George
Mallory

• climb	동 오르다, 등반하다	• attempt	명 시도
• inspire	동 영감을 주다	• fail	동 실패하다
• influence	명 영향	• prepare for	~을 준비하다
• comment	명 언급, 말	• body	명 시신
• A as well as B	B뿐만 아니라 A도	• make it to	~에 이르다, 도착하다

08
A Very
Special
Library

• contain	동 포함하다	• for free	공짜로, 무료로
• ancient	형 고대의	• volunteer	동 자원하다
• more than	~ 이상	• type	동 입력하다
• at all	전혀	• be added to	~에 추가되다
• goal	명 목표	• collection	명 수집품, 소장품
• pay for	~의 값을 지불하다		

영어는 우리말로, 우리말은 영어로 쓰시오. ▶ 단어/숙어 기본 연습

1	giant	_____	21	무서운	s_____
2	씨, 씨앗	s_____	22	호박	p_____
3	shore	_____	23	속, 내부	i_____
4	grab	_____	24	fishing rod	_____
5	오르다, 등반하다	c_____	25	hesitate	_____
6	inspire	_____	26	주먹으로 치다	p_____
7	influence	_____	27	끌어당기다	p_____
8	attempt	_____	28	disappear	_____
9	실패하다	f_____	29	comment	_____
10	자원하다	v_____	30	고대의	a_____
11	constantly	_____	31	more than	_____
12	amazing	_____	32	목표	g_____
13	갑자기	s_____	33	type	_____
14	let go	_____	34	collection	_____
15	go -ing	_____	35	at all	_____
16	공격; 공격하다	a_____	36	be added to	_____
17	increase	_____	37	take care of	_____
18	시신	b_____	38	get ready to	_____
19	contain	_____	39	for free	_____
20	in danger	_____	40	A as well as B	_____

다음 우리말과 같도록 빈칸에 알맞은 말을 쓰시오. ▶ 문장 속 숙어 확인

1 How much did you _____ _____ the ticket? 얼마를 표 값으로 지불했니?

2 You can _____ _____ other people while using your phone.
당신은 휴대전화를 사용하는 동안 다른 사람들과 부딪힐 수 있다.

3 He _____ _____ _____ _____ for the high jump.
그는 높이뛰기에서 세계 신기록을 세웠다.

4 I have to _____ _____ the midterm exam. 나는 중간고사를 준비해야 한다.

5 Do you think we can _____ _____ _____ the concert on time?
우리가 제시간에 콘서트에 도착할 것 같니?

05 Giant Pumpkins

Can you imagine a pumpkin weighing hundreds of kilograms?

Pumpkins are popular vegetables in gardens. (a) Some people love eating the seeds and insides of these orange vegetables. (b) And others like to make *jack-o-lanterns with them for Halloween. (c) Children go trick-or-treating on that holiday. (d) Imagine making a jack-o-lantern with a pumpkin weighing 500 kilograms or more. (e) That would be really scary.

For thirty years, <u>Howard Dill</u> grew pumpkins. He bred his pumpkins to grow to very large sizes. In 1981, he set the world record for the largest pumpkin. His pumpkin weighed 224 kilograms. Since then, more and more people have begun growing giant pumpkins. So the world record for pumpkins has increased almost every year.

What's the secret to growing giant pumpkins? First, you need good seeds. Then, you need lots of sun. Giant pumpkin farmers give their plants food and water constantly. ⓐ <u>They</u> take excellent care of them. The results are amazing. What's the world record today? Beni Meier of Switzerland set it in 2014. His giant pumpkin weighed 1,056 kilograms. Now that's a big pumpkin.

*jack-o-lantern 잭오랜턴, 호박등

1 밑줄 친 Howard Dill에 관한 글의 내용과 일치하는 것은?

① 서른 살 때부터 호박을 재배했다.

② 500킬로그램이 넘는 호박을 재배했다.

③ 스위스에서 농장을 운영하고 있다.

④ 가장 큰 호박으로 세계 신기록을 세웠다.

⑤ 거대한 호박으로 호박등을 만들었다.

2 글의 (a)~(e) 중, 전체 흐름과 관계 없는 것은?

① (a)　　② (b)　　③ (c)　　④ (d)　　⑤ (e)

3 What is the world record for the largest pumpkin today?

① 156 kg　　② 224 kg　　③ 500 kg

④ 1,056 kg　　⑤ 1,624 kg

※　서술형

4 글의 내용과 일치하도록 다음 질문에 답하시오.

Q: What do people need to grow giant pumpkins?

A: They need good ＿＿＿＿＿＿ and lots of ＿＿＿＿＿＿.

※　서술형

5 글의 밑줄 친 ⓐ They가 가리키는 것을 찾아 쓰시오.

＿＿＿＿＿＿＿＿＿＿＿＿＿＿＿＿

06 Shark Attack

How would you feel if you saw a shark?

In the summer of 2005, Brian and Craig Hutto went to the beach in Florida, USA. The two brothers wanted to go fishing. They went into the water with their fishing rods. They walked about thirty meters away from shore. Then, they got ready to start fishing.

Suddenly, something bumped into Craig. Then, he disappeared 5 under the water. A shark grabbed him. It is difficult for most people to think clearly in this kind of situation. But Brian didn't hesitate. His brother was in danger. He ran to his brother and punched the shark. He punched it again and again. The shark didn't want to let go. It was pulling Craig out to sea. But Brian was pulling, too. He wanted to save 10 his brother.

(A) Sadly, Craig lost his leg. (B) Brian won, so he and Craig made it back to shore. (C) But thanks to his brother, he didn't lose his life. His brother was so brave that he attacked 15 a shark.

GRAMMAR in Textbooks

6행 ▶ It ~ + for + 명사(목적격) + to부정사 : ○○가 …하는 것은 ~하다
가주어 it을 사용할 때 to부정사의 의미상의 주어는 'for+명사(목적격)'을 사용한다.
It is enjoyable **for me to learn** new things. 나에게 새로운 것을 배우는 것은 즐겁다.
It is dangerous **for children to play** near the pond. 아이들이 그 연못 근처에서 노는 것은 위험하다.

1 글의 제목으로 알맞은 것은?

① Shark Fishing
② Craig Hutto's Life
③ Man Attacks Shark
④ Why Do Sharks Attack?
⑤ Two Brothers Go to the Beach

2 글을 읽고 답할 수 없는 질문은?

① When did the shark attack happen?
② Which brother did the shark attack?
③ What kind of shark attacked the brother?
④ What did the other brother do after the shark attacked?
⑤ What body part did one brother lose?

3 (A)~(C)를 글의 흐름에 맞게 배열한 것은?

① (A)-(B)-(C)　　　② (B)-(C)-(A)
③ (B)-(A)-(C)　　　④ (C)-(B)-(A)
⑤ (C)-(A)-(B)

※ 서술형

4 글의 내용과 일치하도록 다음 질문에 답하시오.

Q: Why did Brian and Craig Hutto go to the beach?

A: Because _____

※ 서술형

5 다음 빈칸에 알맞은 단어를 글에서 찾아 쓰시오.

A(n) _____ attacked Craig Hutto, but his _____
Brian punched it and saved his _____.

Do you know any famous explorers?

"Why do you want to climb Mount Everest?" asked the reporter. "Because it's there," answered George Mallory. Those three words have inspired millions of people around the world. Sadly, George Mallory died soon after saying them. He never knew how much influence his comment had on others.

George Mallory was from England. He loved climbing mountains. He climbed Mont Blanc in the Alps as well as other mountains in Europe. (A) He really wanted to climb Mount Everest. (B) But both attempts failed. (C) He tried in 1921 and 1922. In 1924, he began preparing for his third trip to the mountain.

Mallory started climbing with his partner, Andrew Irvine. The climb was hard, but they went higher and higher. On June 9, 1924, another climber saw them near the top of the mountain. Then, both men disappeared.

In 1999, some climbers found Mallory's body. Nobody knows if Mallory ever made it to the top of the mountain. But mountain climbers everywhere know his story. So ⓐ they too climb mountains because ⓑ they are there.

1 What is the best title for the passage?

① Mount Everest
② Because It's There
③ Let's Go Climbing
④ The Mountains of Europe
⑤ How to Climb a Mountain

2 (A)~(C)를 글의 흐름에 맞게 배열한 것은?

① (A)-(B)-(C) ② (A)-(C)-(B) ③ (B)-(A)-(C)
④ (C)-(B)-(A) ⑤ (C)-(A)-(B)

3 글을 통해 George Mallory에 관해 알 수 없는 내용은?

① 영국의 산악인이다.
② 에베레스트 산 등반을 세 차례 시도했다.
③ 1924년에 Andrew Irvine과 에베레스트 산을 등반했다.
④ 결국 에베레스트 산 등반에 성공했다.
⑤ 1999년에 그의 시신이 발견되었다.

❊ 서술형

4 글의 밑줄 친 ⓐ와 ⓑ가 가리키는 것을 찾아 쓰시오.

ⓐ _____   ⓑ _____

> **Expand Your Knowledge**
>
> **최초의 에베레스트 등반가**
>
> 1940년대 초, 뉴질랜드 출신의 한 청년이 에베레스트 산 등반에 도전했다. 그러나 그는 8,848미터라는 에베레스트 산의 높은 벽을 넘지 못하고 등반에 실패했다. 그로부터 약 10년 후인 1953년, 다시 돌아온 그 청년은 마침내 정상에 섰다. 이 청년의 이름은 에드먼드 힐러리(Edmund Hillary)로, 포기하지 않고 자신의 꿈을 위해 노력한 덕분에 세계 최초로 에베레스트 산을 등반한 탐험가로 남게 되었다. 에베레스트 등반가 중 국내인으로는 엄홍길 대장이 유명하다. 그는 아시아 최초, 아울러 인류 역사상 8번째로 히말라야 8,000미터급 14좌와 위성봉 알룽캉을 등반했다.

✔ *Summary* **Use the words in the box to fill in the blanks.**

climbers	failed	mountain	partner

George Mallory was a _____ climber from England. He tried to climb Mount Everest twice, but he _____. He tried again in 1924. He and his _____ were seen near the top before they disappeared. Many years later, some _____ found Mallory's body. Nobody knows if he got to the top of Mount Everest.

08 A Very Special Library

What do you think libraries will be like in the future?

Imagine a library with the greatest works in history. It contains books from ancient Greece and Rome. It has works from the Renaissance. It has the works of Shakespeare, *Milton, and other great writers, too. This library has more than 50,000 books.

You might think this library needs a big building. But it actually does not need any buildings at all. It's an online library called Project Gutenberg. In 1971, Michael Hart decided to start putting great works on computers. The first work he did was *the United States Declaration of Independence. His goal was to put 10,000 works in digital form by the year 2000. He wanted people not to pay for these works. He wanted people to read them for free.

People volunteered and started helping him. _____, they typed all the words in the books onto computers. Later, scanners let them work more quickly. Project Gutenberg is becoming bigger every year. More than fifty new e-books are added to its collection each week.

*Milton 영국의 시인 (1608~74, John ~)
*the United States Declaration of Independence
미국 독립 선언서

GRAMMAR in Textbooks

10행 ➤ to부정사의 부정: to부정사의 부정은 to부정사 앞에 not이나 never를 붙여 표현한다.
My teacher told me **not to be** late. 선생님께서는 나에게 늦지 말라고 말씀하셨다.
He decided **never to gain** weight again. 그는 다시는 살찌지 않기로 결심했다.

1 What is the purpose of the passage?

① To warn   ② To advise   ③ To inform

④ To entertain   ⑤ To apologize

2 글을 읽고 Project Gutenberg에 관해 답할 수 <u>없는</u> 질문은?

① What is it?

② Who started it?

③ When did it begin?

④ What was its first work?

⑤ How many volunteers helped with it?

3 글의 빈칸에 들어갈 말로 가장 알맞은 것은?

① At first   ② Instead   ③ However

④ Of course   ⑤ As a result

≫ 서술형

4 다음 영영 뜻풀이에 해당하는 단어를 글에서 찾아 쓰시오.

_____: belonging to a time long ago in history

≫ 서술형

5 다음 빈칸에 알맞은 단어를 글에서 찾아 쓰시오.

Project Gutenberg is a(n) _____ library with no

_____.

focus On Sentences › 중요 문장 다시 보기

A 다음 문장을 밑줄 친 부분에 유의하여 우리말로 해석하시오.

1 Imagine making a jack-o-lantern with a pumpkin <u>weighing</u> 500 kilograms or more.

_____

2 Nobody knows <u>if</u> Mallory ever made it to the top of the mountain.

_____

3 His goal was <u>to put</u> 10,000 works in digital form by the year 2000.

_____

4 Later, scanners <u>let them work</u> more quickly.

_____

B 우리말과 같은 뜻이 되도록 주어진 말을 바르게 배열하시오.

1 거대한 호박을 재배하는 비결은 무엇일까?

What's _____ ?
(pumpkins, secret, growing, to, giant, the)

2 대부분의 사람들이 이런 상황에서 명확하게 생각하는 것은 어렵다.

It is difficult _____ in this kind of situation.
(most, clearly, think, for, people, to)

3 그는 사람들이 이 작품들의 값을 지불하지 않기를 원했다.

He _____ for these works.
(not, wanted, pay, people, to)

C 우리말과 같은 뜻이 되도록 빈칸에 알맞은 말을 쓰시오.

1 1981년에 그는 가장 큰 호박으로 세계 신기록을 세웠다.

In 1981, he _____ _____ _____ _____ for the
largest pumpkin.

2 그 두 형제는 낚시를 하러 가고 싶었다.

The two brothers wanted to _____ _____ .

3 그는 유럽의 다른 산들뿐만 아니라 알프스 산맥의 몽블랑에도 올랐다.

He climbed Mont Blanc in the Alps _____ _____
other mountains in Europe.

Unit 03

GRAMMAR in Textbooks

· enough+to부정사
The doors were strong **enough to protect** everyone from a nuclear bomb.

· 간접의문문
Would you like to know **why it gets so cold** there?

09
Amber

• freezing	형 몹시 추운	• medicine	명 의학; *약
• carefully	부 주의 깊게	• coast	명 해안, 연안
• golden	형 황금빛의	• bottom	명 밑바닥
• treasure	명 보물	• get free	자유로워지다
• fossil	명 화석	• float	동 뜨다, 떠다니다
• harden	동 굳다	• harvest	동 수확하다, 거둬들이다
• jewelry	명 보석	• net	명 그물
• perfume	명 향수	• pick	동 고르다, 줍다

10
Abo Elementary School

• step	명 계단	• steel	명 강철
• completely	부 완전히	• protect A from B	A를 B로부터 보호하다
• underground	부 지하에	• well	명 우물
• nuclear	형 핵의	• equipment	명 장비
• bomb shelter	명 방공호	• in case	~할 경우에 대비해서
• both A and B	A와 B 둘 다	• until	접 ~까지
• entrance	명 입구		

11
Dr. Seuss

• author	명 작가, 저자	• publishing company	명 출판사
• beloved	형 소중한; *사랑 받는		
• include	동 포함하다	• disagree with	~에 동의하지 않다
• founder	명 설립자	• make a bet	내기를 하다
		• title	명 제목

12
Mercury: The Cold Planet

• planet	명 행성	• drop	동 떨어지다
• solar system	태양계	• rotate	동 회전하다, 자전하다
• naturally	부 당연히	• atmosphere	명 대기
• temperature	명 온도	• trap	동 가두다
• reach	동 이르다, 닿다	• heat	명 열기, 열
• degree	명 (각도·온도 단위) 도		

영어는 우리말로, 우리말은 영어로 쓰시오. ▶ 단어/숙어 기본 연습

1	freezing	_____	21	include	_____
2	지하의	u_____	22	주의 깊게	c_____
3	nuclear	_____	23	보석	j_____
4	golden	_____	24	그물	n_____
5	보물	t_____	25	harvest	_____
6	해안, 연안	c_____	26	bomb shelter	_____
7	author	_____	27	harden	_____
8	제목	t_____	28	medicine	_____
9	fossil	_____	29	beloved	_____
10	bottom	_____	30	입구	e_____
11	float	_____	31	steel	_____
12	계단	s_____	32	우물	w_____
13	completely	_____	33	equipment	_____
14	설립자	f_____	34	until	_____
15	행성	p_____	35	출판사	p_____
16	temperature	_____	36	solar system	_____
17	perfume	_____	37	naturally	_____
18	떨어지다	d_____	38	trap	_____
19	reach	_____	39	열기, 열	h_____
20	atmosphere	_____	40	rotate	_____

다음 우리말과 같도록 빈칸에 알맞은 말을 쓰시오. ▶ 문장 속 숙어 확인

1 I _____ _____ Mike. 나는 Mike의 말에 동의하지 않는다.

2 Do you want to _____ _____ _____? 내기하고 싶니?

3 He is good at _____ math _____ science. 그는 수학과 과학 둘 다 잘한다.

4 Here's my number _____ _____ you need help.
   도움이 필요할 경우에 대비해서, 여기 내 전화번호야.

5 This jacket will _____ you _____ the sun.
   이 자켓은 당신을 태양으로부터 보호해줄 것이다.

09 Amber

Q What are some common stones or metals used for jewelry?

The weather in Russia was freezing early on a January morning in 2015. But lots of people were in the water. Others were looking carefully at the sand on the beach. Each person was searching for the same thing: a golden treasure.

They weren't looking for gold though. They were trying to find *amber. Amber is a kind of fossil. It forms when tree *resin hardens over time. (a) People use it for jewelry. (b) Not all jewelry stores sell it. (c) They also make perfume and medicine with it. (d) There is amber all around the world. (e) But more than 90% of it is found off the coast of Russia.

When there are storms in that area, amber at the bottom of the sea can get free. Then, it floats onto land. That was why people ran to the shore. They were harvesting amber. Many of them had nets and wore diving suits. Others just picked small pieces of amber that were already on the beach. All of them made money because they planned to sell the amber later.

*amber 호박(광물의 하나)
*resin 송진(소나무 등에서 분비되는 끈적끈적한 액체)

1   글의 제목으로 가장 알맞은 것은?

① Treasure from the Sea
② How Do People Use Amber?
③ The Best Places to Find Amber
④ Gold, Amber, and Other Jewelry
⑤ Amber: More Valuable than Gold

2   글의 내용과 일치하면 T, 그렇지 않으면 F를 쓰시오.

(1) People can find amber only off the coast of Russia.   _____

(2) Many people harvesting amber wanted to sell it.   _____

3   글의 (a)~(e) 중, 전체 흐름과 관계 없는 문장은?

① (a)   ② (b)   ③ (c)   ④ (d)   ⑤ (e)

》   서술형
4   글의 내용과 일치하도록 다음 질문에 답하시오.

Q: How do people use amber?
A: They use it for _____ and make _____ and
   _____ with it.

》   서술형
5   Fill in the blanks with words from the passage.

| Even though the weather was _____, many people went to the beach in _____ to harvest _____. |

10 Abo Elementary School

Have you ever worried about a war happening in your lifetime?

In 1962, Abo Elementary School opened in Artesia, New Mexico, USA. More than 500 students studied there. Every day, the students opened the school doors and walked down the steps. They had to go down because their school was completely underground.

During the 1960s, the United States and the Soviet Union were in the middle of the Cold War. Many Americans were worried about nuclear war. So they built bomb shelters. ① Abo Elementary School was both a school and bomb shelter. ② Each one had a huge steel door. ③ The doors were strong enough to protect everyone from a nuclear bomb. ④ The school had many classrooms. ⑤ Other rooms held food. There were two wells for water and an *electric generator. There was a lot of equipment to help people in case there was a war.

Thousands of students studied at Abo Elementary School until it closed in 1995. Most of them loved their underground school. And few of them ever knew it was also a bomb shelter.

*electric generator 발전기

GRAMMAR in Textbooks

9행 ▶ enough + to부정사: ~할 정도로 충분히 …한
He is <u>tall **enough to reach**</u> the branches. 그는 그 나뭇가지들에 닿을 정도로 충분히 키가 크다.
(= He is **so** tall **that** he **can** reach the branches.)
The ice wasn't <u>thick **enough to walk**</u> on. 그 얼음은 위에서 걸을 정도로 충분히 두껍지는 않았다.

1   글의 주제로 알맞은 것은?

① The importance of education
② Why the Cold War took place
③ Elementary schools in the world
④ Why Abo Elementary School closed
⑤ An underground school during the Cold War

2   글에서 Abo Elementary School에 관해 언급되지 <u>않은</u> 것은?

① 위치   ② 개교 연도   ③ 용도
④ 학급 수   ⑤ 지하에 지어진 이유

3   다음 문장이 들어갈 위치로 가장 알맞은 것은?

There were three entrances.

①   ②   ③   ④   ⑤

※   서술형

4   글의 내용과 일치하도록 다음 질문에 답하시오.

Q: Why did Americans build bomb shelters during the Cold War?
A: Because _____

☑ *Summary* **Use the words in the box to fill in the blanks.**

students	underground	bomb	war

Abo Elementary School was in Artesia, New Mexico, USA. It opened in the middle
of the Cold War. So it was both a school and _____ shelter. The school
was completely _____. It had food and equipment in case there was a(n)
_____. Most _____ never knew it was a bomb shelter.

11 Dr. Seuss

Have you ever read Dr. Seuss's books?

Theodor Geisel is one of the most famous authors in the world. Few people know him by his real name though. They know him by another name: Dr. Seuss. During his life, Dr. Seuss wrote many beloved children's books. They include *The Cat in the Hat*, *How the Grinch Stole Christmas*, and *Horton Hears a Who*.

One day in 1960, Dr. Seuss was talking to Bennett Cerf. Cerf was one of the founders of a publishing company. Cerf believed that Dr. Seuss couldn't write a book with only 50 different words. Dr. Seuss disagreed with him. They made a bet for $50, and then Dr. Seuss got to work.

A while later, he finished the book. It had _____. The title of the book was *Green Eggs and Ham*. Dr. Seuss won the bet, but Cerf never paid him the money. Dr. Seuss didn't mind though. *Green Eggs and Ham* became his most popular book and sold millions of copies.

1 글의 제목으로 가장 알맞은 것은?

① Dr. Seuss's Life Story
② I Bet You Can't Do That
③ The Popularity of Dr. Seuss
④ Let's Write a Children's Book
⑤ Fifty Different Words to Remember

2 글을 읽고 답할 수 <u>없는</u> 질문은?

① What were some books written by Dr. Seuss?
② Who was Bennett Cerf?
③ What was Dr. Seuss's most popular book?
④ What was *Green Eggs and Ham* about?
⑤ How much money did Dr. Seuss and Bennett Cerf bet?

3 글의 빈칸에 들어갈 말로 가장 알맞은 것은?

① 50 similar words   ② more than 50 words
③ fewer than 50 words   ④ exactly 50 different words
⑤ around 50 different words

※ 서술형

4 다음 빈칸에 알맞은 말을 글에서 찾아 쓰시오.

> Although Cerf didn't pay Dr. Seuss $50, Dr. Seuss didn't
> _____. His book _____
> became his best-selling book.

12 Mercury: The Cold Planet

What are the planets in the solar system?

*Mercury is the smallest of the eight planets in the solar system. It's also the closest planet to the Sun. Naturally, it's very hot on the planet. During the day, the temperature on Mercury can reach 430 degrees Celsius. That's too hot for anything to live.

At night, Mercury isn't hot. In fact, it gets really cold on the dark side of the planet. The temperature there can drop as low as –180 degrees Celsius. Would you like to know why it gets so cold there? 5

There are a couple of reasons. First, Mercury rotates very slowly. Earth turns around completely in 24 hours. But Mercury does the same thing in 59 Earth days. So half of the planet is dark for a long, long time. 10 Mercury doesn't have an atmosphere either. Without an atmosphere, the planet can't trap any heat. So the heat from the Sun goes into space. Those reasons make the dark side of Mercury much colder than any place on Earth. 15

*Mercury 수성

Mars
Saturn
Mercury
Earth
Neptune
Venus
Jupiter
Uranus

GRAMMAR in Textbooks

7행 ▶ 간접의문문: 의문문이 문장의 일부로 쓰일 때, '의문사 + 주어 + 동사'의 어순을 따른다.
Do you know **where he lives**? 너는 그가 어디 사는지 아니?
Why they disappeared is still a mystery. 그들이 왜 사라졌는지는 여전히 미스터리이다.

1 글의 주제로 알맞은 것은?

① Where Mercury is

② The size of Mercury

③ Why Mercury is cold

④ The rotation of Mercury

⑤ The planets in the solar system

2 글에 따르면, 수성의 자전 주기는?

① 8 hours   ② 24 hours   ③ 430 hours

④ 59 days   ⑤ 180 days

3 수성에 관한 글의 내용과 일치하지 <u>않는</u> 것은?

① 태양계에서 가장 작은 행성이다.

② 태양과 가장 가까운 행성이다.

③ 낮에는 온도가 섭씨 430도에 이르기도 한다.

④ 밤에는 온도가 영하로 내려간다.

⑤ 두터운 대기가 태양열을 차단한다.

⁂ 서술형

4 글의 내용과 일치하도록 다음 질문에 답하시오.

Q: What happens if a planet does not have an atmosphere?

A: _____

⁂ 서술형

5 Find the word in the passage which has the given meaning.

_____ : a measure of how hot or cold something is

Expand Your **Knowledge**

제2의 지구, 화성

우주 과학자들은 화성에 많은 관심을 기울이고 있다. 그 이유는 화성에 생명체가 생존할 수 있는 가능성이 많기 때문이다. 그 근거로는 화성은 지구처럼 암석으로 이루어져 있어 착륙이 가능하고 대기가 존재한다는 점, 자전축이 지구와 비슷하게 25도 기울어져 있고 하루가 24시간 37분이라는 점, 태양계에서 온도 변화가 가장 적다는 점이 있다. 또한, 과거에 물과 생명체의 흔적도 발견되었다. 그러나 이와 반대되는 주장도 있는데, 화성의 평균 온도가 약 −50도로 매우 낮아 생명체가 살기에 적합하지 않고, 기압이 지구의 약 1%밖에 되지 않으며, 대기의 대부분이 이산화탄소라는 점 등을 이유로 들고 있다.

focus On Sentences › 중요 문장 다시 보기

A 다음 문장을 밑줄 친 부분에 유의하여 우리말로 해석하시오.

1 <u>That was why</u> people ran to the shore.

_____

2 There was a lot of equipment to help people <u>in case</u> there was a war.

_____

3 <u>Few</u> people know him by his real name.

_____

4 That's <u>too</u> hot for anything <u>to live</u>.

_____

B 우리말과 같은 뜻이 되도록 주어진 말을 바르게 배열하시오.

1 그 문들은 핵폭탄으로부터 모두를 보호할 정도로 충분히 튼튼했다.

The doors were _____ from a nuclear bomb.
(everyone, enough, protect, strong, to)

2 Theodor Geisel은 세계에서 가장 유명한 저자들 중 한 명이다.

Theodor Geisel is _____ in the world.
(the, authors, most, one, famous, of)

3 왜 그곳이 그렇게 차가워지는지 알고 싶은가?

Would you like to know _____ there?
(it, so, gets, cold, why)

C 우리말과 같은 뜻이 되도록 빈칸에 알맞은 말을 쓰시오.

1 Abo 초등학교는 학교와 방공호 둘 다였다.

Abo Elementary School was _____ a school _____ bomb
shelter.

2 Dr. Seuss는 그에게 동의하지 않았다.

Dr. Seuss _____ _____ him.

3 그들은 50달러 내기를 했고, 그 후 Dr. Seuss는 일을 시작했다.

They _____ _____ _____ for $50, and then Dr. Seuss
got to work.

Unit 04

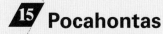

GRAMMAR in Textbooks

• so ~ that …
The Appalachian Trail is **so** long **that** people can spend several months hiking on it.

• 의문사+to부정사
He thought about **how to do** that.

13
Who Was Mona Lisa?

• mysterious	형 신비한	• merchant	명 상인
• noblewoman	명 귀부인	• give birth to	(아이를) 낳다
• claim	동 주장하다	• expert	명 전문가
• nowadays	부 요즘에는	• ask for	~을 요청하다

14
The Appalachian Trail

• trail	명 산길, 오솔길	• cover	동 덮다; *걸쳐 있다
• eastern	형 동쪽의	• succeed	동 성공하다
• southern	형 남쪽의	• hiker	명 도보 여행자
• state	명 국가; *주	• path	명 길
• go[pass] through	지나가다, 통과하다	• peace	명 평화
• pleasant	형 쾌적한, 즐거운	• quiet	형 조용한 명 고요(함)
• walk along	~을 따라 걷다	• deer	명 사슴

15
Pocahontas

• warrior	명 전사	• order	동 명령하다
• local	형 지역의	• club	명 곤봉
• tribe	명 부족	• beg	동 간청하다
• Native American	명 북미 원주민	• free	동 풀어주다
• capture	동 포로로 잡다	• in trouble	곤경에 처한
• chief	명 추장, 족장	• marry	동 ~와 결혼하다

16
Now That's a Sandwich

• rare	형 드문	• profit	동 이익을 얻다
• add A to B	A를 B에 추가하다	• donate	동 기부하다
• realize	동 깨닫다	• charity	동 자선 단체
• gold leaf	명 금박	• feel like -ing	~하고 싶다
• gold dust	명 금가루	• cause	명 원인; *대의, 목적
• pretty	부 꽤, 매우	• regret	동 후회하다
• expect	동 기대하다		

영어는 우리말로, 우리말은 영어로 쓰시오. ▶ 단어/숙어 기본 연습

1	mysterious	_____	21	추장, 족장	c _____
2	기부하다	d _____	22	warrior	_____
3	trail	_____	23	평화	p _____
4	pleasant	_____	24	state	_____
5	도보 여행자	h _____	25	noblewoman	_____
6	명령하다	o _____	26	expert	_____
7	beg	_____	27	기대하다	e _____
8	realize	_____	28	deer	_____
9	claim	_____	29	지역의	l _____
10	merchant	_____	30	tribe	_____
11	cover	_____	31	곤봉	c _____
12	성공하다	s _____	32	풀어주다	f _____
13	조용한; 고요(함)	q _____	33	~와 결혼하다	m _____
14	capture	_____	34	path	_____
15	rare	_____	35	profit	_____
16	꽤, 매우	p _____	36	후회하다	r _____
17	charity	_____	37	gold dust	_____
18	cause	_____	38	gold leaf	_____
19	동쪽의	e _____	39	ask for	_____
20	남쪽의	s _____	40	go through	_____

다음 우리말과 같도록 빈칸에 알맞은 말을 쓰시오. ▶ 문장 속 숙어 확인

1 My aunt will _____ _____ _____ a baby soon.
이모는 곧 아기를 낳을 것이다.

2 They _____ _____ the river on sunny days.
그들은 화창한 날이면 그 강을 따라 걷는다.

3 One of my friends is _____ _____. 내 친구 중 한 명이 곤경에 처해 있다.

4 I forgot to _____ salt _____ the soup. 나는 국에 소금을 추가하는 것을 깜박했다.

5 I don't _____ _____ _____ out tonight. 오늘 밤은 나가고 싶지 않아.

13 Who Was Mona Lisa?

What do you
know about the
Mona Lisa?

The *Mona Lisa* is one of the most famous paintings in the world. It is also one of the most mysterious paintings in the world. There are many questions about it. _____, when did Leonardo da Vinci start and finish painting it? Who asked him to paint it? And, most importantly, who is the woman with the unique smile?

Some people believe Mona Lisa was Leonardo's mother Caterina. Others say she was a rich woman from Italy or a Spanish noblewoman. Some even claim Mona Lisa was Leonardo's *assistant or the great artist himself. But nowadays, many people believe she was Lisa Gherardini. Who was this woman? She was the wife of a rich silk merchant. She gave birth to five children in her life. She was also from Florence. That was where Leonardo lived and worked. Many experts think her husband asked for the painting as a gift for his wife. But nobody is really sure. And that makes the *Mona Lisa* even more mysterious.

*assistant 조수

1 글의 빈칸에 들어갈 말로 가장 알맞은 것은?

① However
② Therefore
③ As a result
④ For example
⑤ In other words

2 글을 통해 Mona Lisa 그림에 관해 알 수 있는 내용은?

① Leonardo painted it for many years.
② There are two people in the picture.
③ Nobody knows who Mona Lisa is.
④ It was a gift to a Spanish noblewoman.
⑤ Leonardo's mother asked him to paint it.

3 According to the passage, who was Lisa Gherardini?

① Leonardo's mother
② Leonardo's assistant
③ the wife of a merchant
④ a Spanish noblewoman
⑤ a rich woman from France

※ 서술형

4 글의 밑줄 친 the great artist himself에 해당하는 이름을 글에서 찾아 쓰시오.

_____

Expand Your
Knowledge

레오나르도 다 빈치

〈모나리자〉, 〈최후의 만찬〉, 〈인체 비례도〉 등의 작품으로 우리에게 유명한 레오나르도 다빈치는 1452년에 이탈리아 피렌체에서 태어났다. 그는 회화, 건축, 철학, 시, 작곡, 조각, 물리학, 수학, 해부학 등 다양한 분야에 뛰어났다. 그는 이탈리아에서 토목 작업, 회화 등 많은 업적을 남겼다. 비록 나이가 들어서는 프랑스에서 여생을 보냈지만 그곳에서도 수학과 해부학 연구를 계속했다고 한다. 어떻게 한 사람이 이렇게 많은 재능을 갖고 있나 싶기도 하지만 분명 그는 역사상 가장 호기심 많고 상상력이 풍부했던 인물이라 할 수 있다.

14 The Appalachian Trail

Do you like hiking?

*The Appalachian Mountains are in the eastern part of North America. They start in the southern state of Alabama and go north. They pass through eighteen American states and go north into Canada. The mountains are not too high, so they are pleasant to hike in. Each year, millions of people walk along the world's longest hiking trail: the Appalachian Trail. 5

The Appalachian Trail starts in the state of Georgia and ends in the state of Maine. It covers more than 3,500 kilometers and goes through fourteen states. The Appalachian Trail is so long that 10 people can spend several months hiking on it. In fact, it takes five or six months to walk from one end to the other. Each year, many people try to do that, but few succeed. _____ most hikers enjoy their time on the Appalachian Trail. Most of the paths are in places with few people. So hikers can experience the peace and quiet of nature. They can 15 also see animals such as deer, wild horses, and bears.

*the Appalachian Mountains 애팔래치아 산맥
(북미 동부 해안의 대산맥)

GRAMMAR in Textbooks

9행 ▶ so ~ that …: 너무 ~해서 …하다
Jane was **so** tired **that** she went to bed early. Jane은 너무 피곤해서 일찍 잠자리에 들었다.
The food was **so** spicy **that** I couldn't eat much. 그 음식은 너무 매워서 나는 많이 먹을 수 없었다.

1   What is the purpose of the passage?

    ① To warn   ② To invite   ③ To advise

    ④ To describe   ⑤ To apologize

2   글의 내용과 일치하면 T, 그렇지 않으면 F를 쓰시오.

    (1) The Appalachian Mountains are in Canada and the United States.   _____

    (2) There are many towns and cities close to the Appalachian Trail.   _____

3   글의 빈칸에 들어갈 말로 가장 알맞은 것은?

    ① Or   ② But   ③ Because

    ④ Therefore   ⑤ Of course

※   서술형

4   글의 내용과 일치하도록 다음 질문에 답하시오.

    Q: How many states does the Appalachian Trail go through?

    A: It goes through _____.

※   서술형

5   다음 빈칸에 알맞은 말을 글에서 찾아 쓰시오.

> The Appalachian Trail goes from _____ to Maine
> and takes _____ months to walk from one
> end to the other.

15 Pocahontas

Q

Have you
ever heard of
Pocahontas?

In 1608, Englishman John Smith was in the forest near Jamestown, Virginia. Jamestown was the first successful English *colony in North America. Suddenly, some warriors from a local tribe of Native Americans captured Smith. They took ⓐ him to their leader, Chief Powhatan. ⓑ He ordered the warriors to kill Smith by hitting ⓒ him

5

with clubs. Just then, a young girl ran to Smith. She stood between the warriors and ⓓ him. She begged Powhatan to save his life. The girl's name was Pocahontas, and she was Powhatan's daughter. Powhatan decided to free Smith, so ⓔ he returned to Jamestown.

10

Many people have told this story about Pocahontas. Did it actually happen? Nobody knows for sure. But all of the people in the story were real. And Pocahontas helped the people of Jamestown many times. She brought food to the people there and helped them when they were in trouble. She even married an Englishman, John Rolfe, when she became older. She is one of the most famous women in American history.

15

*colony 식민지

1 What is the best title for the passage?

① John Smith's Bad Day
② Who Was Chief Powhatan?
③ Pocahontas Saves the Day
④ Pocahontas and Chief Powhatan
⑤ The English Colony of Jamestown

2 Pocahontas에 관한 글의 내용과 일치하면 T, 그렇지 않으면 F를 쓰시오.

(1) 그녀의 아버지는 Powhatan 추장이다. _____

(2) 영국인 John Smith와 결혼하였다. _____

3 글의 밑줄 친 ⓐ~ⓔ 중, 가리키는 대상이 나머지 넷과 다른 것은?

① ⓐ   ② ⓑ   ③ ⓒ   ④ ⓓ   ⑤ ⓔ

※ 서술형

4 Find the word in the passage which has the given meaning.

_____ : to let a person go

※ 서술형

5 다음 빈칸에 알맞은 말을 글에서 찾아 쓰시오.

Pocahontas saved the life of _____, and she also
helped the people of _____ many times.

16 Now That's a Sandwich

How much will
you pay for a
sandwich?

Everybody loves sandwiches. And everybody loves bacon, too. So who wouldn't like a bacon sandwich? In 2013, Paul Philips, the owner of Tangberry's café in England, decided to make a new bacon sandwich.

First, Philips used a rare type of black bacon. Then, he put an egg on it. He added *truffles, truffle oil, and *saffron to the sandwich. He ⁵ wasn't finished yet though. (A) Suddenly, he realized the answer: gold. (B) He wanted to make a perfect sandwich. (C) He thought about how to do that. He added gold leaf and gold dust to his sandwich. And he called it the <u>Bacon Bling sandwich</u>.

Philips sold his sandwich for 150 pounds. That's pretty expensive ¹⁰ for one sandwich. But Philips didn't expect to profit from it. Instead, he planned to donate all the money he made from the sandwich to a charity for children. So if you're in England and feel like having an expensive

sandwich for a good cause, go to Tangberry's café. You ¹⁵ won't regret it.

*truffle 송로 (값비싼 버섯의 일종)
*saffron 샤프란 (꽃으로 만든 노란 향신료)

GRAMMAR in Textbooks

7행 ➤ 의문사 + to부정사: 문장에서 명사처럼 사용되며, '의문사 + 주어 + should + 동사원형'으로 바꾸어 쓸 수 있다.
They didn't know **where to go**. (= where they should go) 그들은 어디로 가야 할지 몰랐다.
Jim told me **what to buy** for her birthday. (= what I should buy)
Jim은 나에게 그녀의 생일 선물로 무엇을 사야 할지 말해 주었다.

1 글을 읽고 Paul Philips에 관해 답할 수 <u>없는</u> 질문은?

① What does he do?

② Where does he live?

③ When did he make his new bacon sandwich?

④ How much is his new sandwich?

⑤ How much money did he make from his new sandwich?

2 밑줄 친 Bacon Bling sandwich의 재료로 언급되지 <u>않은</u> 것은?

① black bacon　　　　② pickles　　　　③ an egg

④ truffle oil　　　　⑤ saffron

3 (A)~(C)를 글의 흐름에 알맞게 배열한 것은?

① (A)-(B)-(C)　　　　② (A)-(C)-(B)　　　　③ (B)-(A)-(C)

④ (B)-(C)-(A)　　　　⑤ (C)-(B)-(A)

※ 서술형

4 Find the word in the passage which has the given meaning.

_____ : to give something to a person or an

organization to provide help

※ 서술형

5 글의 내용과 일치하도록 다음 질문에 답하시오.

Q: What did Paul Philips do to make a perfect sandwich?

A: _____

focus On Sentences › 중요 문장 다시 보기

A 다음 문장을 밑줄 친 부분에 유의하여 우리말로 해석하시오.

1 The Appalachian Trail is <u>so</u> long <u>that</u> people can spend several months hiking on it.

　_____

2 He <u>ordered the warriors to kill</u> Smith by hitting him with clubs.

　_____

3 He thought about <u>how to do</u> that.

　_____

4 He <u>added</u> gold leaf and gold dust <u>to</u> his sandwich.

　_____

B 우리말과 같은 뜻이 되도록 주어진 말을 바르게 배열하시오.

1 그곳은 Leonardo가 살고 일했던 곳이었다.

　That was _____.
　　　　　　　　　(Leonardo, lived, where, worked, and)

2 한쪽 끝에서 다른 쪽 끝까지 걷는 데는 5개월 또는 6개월이 걸린다.

　It _____ from one end to the other.
　　　　(walk, or, five, six, takes, to, months)

3 그는 그것을 베이컨 블링 샌드위치라고 불렀다.

　He _____.
　　　　　(Bacon Bling sandwich, called, the, it)

C 우리말과 같은 뜻이 되도록 빈칸에 알맞은 말을 쓰시오.

1 그녀는 살면서 다섯 명의 아이들을 낳았다.

　She _____ _____ _____ five children in her life.

2 그녀는 그들이 곤경에 처했을 때 그들을 도와주었다.

　She helped them when they were _____ _____.

3 당신이 좋은 뜻으로 비싼 샌드위치를 먹고 싶다면 Tangberry 카페에 가라.

　If you _____ _____ having an expensive sandwich for a good
　cause, go to Tangberry's café.

Unit 05

17 **Jobs for Teenagers**
스스로 용돈 벌기

18 **Ecotourism**
자연과 인간이 공존하는 여행

19 **Robot Workers**
로봇의 일터는 무한대

20 *Snow White and the Seven Dwarfs*
꿈을 현실로 만든 Walt Disney

GRAMMAR in Textbooks

· 관계대명사 what
What ecotourists try to do is to help the local residents of the places they visit.

· 부분 부정
Not every animator thought he could do it.

17
Jobs for Teenagers

• allowance	명 용돈	• babysitter	명 아이 돌보는 사람
• already	부 이미, 벌써	• get paid	봉급을 받다
• conversation	명 대화	• pet sitting	애완동물 돌보기
• rely on	~에 의존하다	• yardwork	명 정원 일
• own	형 자신의	• business	명 사업(체)
• adult	명 성인		

18
Ecotourism

• take a trip	여행하다	• reduce	동 줄이다
• exotic	형 이국적인	• footprint	명 발자국; (환경에 미치는) 영향
• location	명 장소	• destination	명 목적지
• tropical	형 열대의	• practice	동 실천하다
• harm	동 해치다	• preserve	동 보존하다
• characteristic	명 특징	• generation	명 세대
• travel agency	명 여행사	• enjoyment	명 즐거움
• resident	명 주민		

19
Robot Workers

• automatically	부 자동으로	• manufacturing	명 제조, 생산
• improve	동 향상되다	• repetitive	형 반복적인
• industry	명 산업	• desert	명 사막
• stand for	~을 의미하다	• deep	형 깊은
• dull	형 따분한	• volcano	명 화산
• perform	동 수행하다	• space	명 우주
• task	명 일, 과업		

20
Snow White and the Seven Dwarfs

• dwarf	명 난쟁이	• animation	명 만화 영화
• folktale	명 설화, 전설	• give up (on)	(~을) 포기하다, 단념하다
• wicked	형 사악한	• release	동 (영화를) 개봉하다
• regular	형 규칙적인; *보통의	• last	동 계속되다
• animated	형 만화 영화로 된	• full-length	형 장편의

영어는 우리말로, 우리말은 영어로 쓰시오. ▶ 단어/숙어 기본 연습

1	allowance	_____	21	improve	_____
2	regular	_____	22	industry	_____
3	일, 과업	t_____	23	자신의	o_____
4	아이 돌보는 사람	b_____	24	이미, 벌써	a_____
5	adult	_____	25	대화	c_____
6	exotic	_____	26	tropical	_____
7	preserve	_____	27	characteristic	_____
8	generation	_____	28	사막	d_____
9	automatically	_____	29	깊은	d_____
10	따분한	d_____	30	줄이다	r_____
11	animation	_____	31	destination	_____
12	location	_____	32	즐거움	e_____
13	해치다	h_____	33	perform	_____
14	실천하다	p_____	34	manufacturing	_____
15	repetitive	_____	35	travel agency	_____
16	release	_____	36	resident	_____
17	계속되다	l_____	37	화산	v_____
18	정원 일	y_____	38	folktale	_____
19	business	_____	39	dwarf	_____
20	우주	s_____	40	full-length	_____

B 다음 우리말과 같도록 빈칸에 알맞은 말을 쓰시오. ▶ 문장 속 숙어 확인

1 Someday I will _____ _____ _____ to Europe.
언젠가 나는 유럽을 여행할 것이다.

2 They _____ _____ every two weeks. 그들은 2주마다 봉급을 받는다.

3 What does LOL _____ _____? LOL은 무엇을 의미합니까?

4 Never _____ _____ on your dreams. 절대 꿈을 포기하지 마.

5 He is the man you can _____ _____. 그는 당신이 의지할 수 있는 사람이다.

17 Jobs for Teenagers

Do your parents give you an allowance? Or do you make it on your own?

"Mom, can I have some money?" "I gave you your allowance two days ago. Did you already spend it?"

Teenagers often have conversations like this with their parents. Perhaps this has even happened to you. But don't worry. You don't need to rely on your parents for money. Instead, you can make your own money. Why don't you try getting a job? 5

Jobs aren't only for adults. There are many jobs teenagers can do. In the United States, one of the most popular jobs is babysitter. When parents want to go out without their children, you can watch their kids for ⓐ them. Imagine that. You can get paid to stay at someone's house. 10 You can even bring your homework with you, so you'll make money while studying.

These days, many people don't have kids. _____, they have pets. You can try pet sitting, too. Cutting grass and doing yardwork are two other great jobs for teens. 15

Convenience stores, restaurants, and the family business can provide other good jobs, too. So stop asking your parents for money. Go out and make some of your own.

1 What is the purpose of the passage?

① To warn   ② To report   ③ To advise

④ To review   ⑤ To entertain

2 글의 내용과 일치하면 T, 그렇지 않으면 F를 쓰시오.

(1) Babysitter is a popular job for teenagers. _____

(2) Pet sitting is too hard for most teens. _____

3 글의 빈칸에 들어갈 말로 가장 알맞은 것은?

① Therefore   ② Fortunately   ③ In addition

④ Surprisingly   ⑤ For example

≫ 서술형
4 글의 밑줄 친 ⓐ them이 가리키는 것을 찾아 쓰시오.

_____

≫ 서술형
5 Find the word in the passage which has the given meaning.

_____: money that parents give to their children regularly

18 Ecotourism

Q Do you think tourism is harmful to the environment?

Thanks to cheap jet travel, lots of people these days are taking trips to exotic locations around the world. Some enjoy visiting the rainforests of Central and South America. Others go on safaris to Africa. And others go diving in *coral reefs near tropical islands in the Pacific Ocean.

People are traveling to some of the world's most beautiful places. 5 But many tourists are harming the environment. For this reason, many travel agencies are focusing on *ecotourism. The basic idea of ecotourism is simple: Do not harm the environment. But that is not its only characteristic. What ecotourists try to do is to 10 help the local residents of the places they visit. They attempt to reduce their environmental footprints as much as possible, too. And ⓐ they really want to learn about the cultures of their destinations.

By practicing ecotourism, travelers can help preserve beautiful 15 areas for future generations. That way, millions of people in the future will get the same enjoyment from these places as people do now.

*coral reef 산호초
*ecotourism 생태관광

GRAMMAR in Textbooks

10행 ▶ 관계대명사 what: 선행사를 포함하는 관계대명사로 '~하는 것'으로 해석한다. what이 이끄는 절은 문장에서 주어, 보어, 목적어 역할을 한다.

What she said surprised me. 그녀가 말한 것은 나를 놀라게 했다. (주어)

Tell me **what** you had for lunch. 네가 점심으로 먹은 것을 말해줘. (목적어)

This is **what** makes me angry. 이것이 나를 화나게 하는 것이다. (보어)

1 글의 주제로 가장 알맞은 것은?

① Places to go on ecotours
② The history of ecotourism
③ The importance of ecotourism
④ Popular vacation spots in the world
⑤ How tourists harm the environment

2 밑줄 친 ecotourists에 관한 글의 내용과 일치하지 <u>않는</u> 것은?

① They respect nature.
② They try not to harm the environment.
③ They want to leave more footprints in nature.
④ They help the local people.
⑤ They are interested in the culture of the area.

3 글의 밑줄 친 ⓐ they가 가리키는 것은?

① many travel agencies   ② ecotourists
③ the local residents   ④ the places they visit
⑤ environmental footprints

※ 서술형
4 Find the word in the passage which has the given meaning.

_____ : both foreign and interesting

※ 서술형
5 다음 빈칸에 알맞은 단어를 글에서 찾아 쓰시오.

Ecotourists can help _____ beautiful areas, so
people in the future will also get _____ from them.

19 Robot Workers

Q Which jobs will robots do in the future?

Most people believe robots look like humans. That is not true though. Robots are machines that can do work automatically. Some robots look like humans, but most of them don't. Each year, robot technology improves, so robots are becoming more important in our lives.

Today, most robots work in 3D industries. The three D's stand for dirty, dangerous, and dull. Robot workers perform tasks that most humans don't want to do. For example, there are many robots in car manufacturing factories. They do repetitive tasks that are both difficult and boring. Robots also don't get tired or need lunch breaks. Therefore, they can _____ than humans can.

(A) Others travel to hot deserts or go deep under the sea. (B) Some robots go down into volcanoes. (C) Nowadays, people are using robots to go to places that humans cannot reach. In the future, many robots will travel into space to visit the planets and maybe even the stars.

1 글의 주제로 알맞은 것은?

① 3D industries
② The work robots do
③ How robots are made
④ Human jobs robots do
⑤ Robots that look like humans

2 글의 빈칸에 들어갈 말로 알맞은 것은?

① think much faster
② learn much better
③ work much longer
④ solve problems faster
⑤ communicate more easily

Expand Your
Knowledge

인명구조로봇

로봇은 사람이 목숨을 잃을 수도 있는 위험하고 불가능한 일에도 사용된다. 특히 인명구조로봇은 허리케인, 산사태, 지진, 테러 공격 등으로 피해를 입은 지역에 투입된다. 실제로 미국의 911 테러 공격과 2011년 일본의 후쿠시마 쓰나미, 최근 시리아 난민 사태에도 인명구조로봇이 사용되었다. 로봇은 작은 크기를 활용하여 협소한 장소에도 들어갈 수 있기 때문에 구조가 필요한 사람들에게 접근이 용이하다. 또한, 육지 교통수단으로 이동이 불가능한 곳에 날아갈 수도 있다. 미래에는 인명구조로봇의 발달로 재난 시 소중한 목숨을 더 많이 지켜낼 수 있을 것이다.

3 (A)~(C)를 글의 흐름에 알맞게 배열한 것은?

① (A)-(C)-(B)
② (B)-(A)-(C)
③ (B)-(C)-(A)
④ (C)-(A)-(B)
⑤ (C)-(B)-(A)

※ 서술형

4 글의 내용과 일치하도록 다음 질문에 답하시오.

Q: What do the three D's stand for?

A: They stand for _____.

✔ *Summary* **Use the words in the box to fill in the blanks.**

dangerous	humans	manufacturing	space

Robots do not always look like _____. But they do work like humans do. Many robots work in 3D industries. They work in car _____ factories and other similar places. Some robots go to _____ places like volcanoes and deserts. In the future, robots will travel into _____.

20 Snow White and the Seven Dwarfs

What's your favorite Disney animated movie?

Snow White and the Seven Dwarfs is a famous folktale. It is the story of Snow White, seven dwarfs, and a wicked witch. For hundreds of years, parents have told the story to their children.

In 1934, Walt Disney decided to tell the story as a movie. This was not going to be a regular movie though. No people would be in the movie.

(a) Disney wanted to create an animated movie. (b) Disney also made the movie *Steamboat Willie*. (c) When Disney told his animators his plans, they were surprised. (d) Not every animator thought he could do it. (e) After all, animation at the time was difficult and expensive.

Disney never gave up on his dream. So in 1937, *Snow White and the Seven Dwarfs* was released in movie theaters. It lasted 83 minutes and was the first full-length animated movie in history. It was a huge success. It made millions of dollars and became the most successful movie at that time. Today, parents and children around the world still love the movie.

GRAMMAR in Textbooks

12행 ▶ 부분 부정: all, every, always, both 등 전체를 나타내는 단어가 not과 같은 부정어와 함께 쓰이면 '모두[항상, 둘 다] ~은 아니다'라는 뜻이 된다.

Not every boy likes to play football. 모든 소년이 축구 하는 것을 좋아하는 것은 아니다.

They **don't always** tell the truth. 그들이 항상 진실만을 말하는 것은 아니다.

1 영화 *Snow White and the Seven Dwarfs*에 관한 글의 내용과 일치하는 것은?

① It came out in 1934.

② Walt Disney created the story.

③ There were people in the movie.

④ The movie was animated.

⑤ It lasted over two hours.

2 글의 (a)~(e) 중, 전체 흐름과 관계 없는 문장은?

① (a)　　　② (b)　　　③ (c)　　　④ (d)　　　⑤ (e)

3 글을 통해 알 수 있는 Disney의 성격으로 가장 알맞은 것은?

① 신중한　　　　　　② 이기적인　　　　　　③ 관대한

④ 끈기 있는　　　　　⑤ 의존적인

※　서술형

4 글의 내용과 일치하도록 다음 질문에 답하시오.

Q: Why were some animators negative about Disney's plan?

A: Because _____

※　서술형

5 Find the word in the passage which has the given meaning.

_____ : a story that people told hundreds of years ago

focus On Sentences

A 다음 문장을 밑줄 친 부분에 유의하여 우리말로 해석하시오.

1 <u>What ecotourists try to do</u> is to help the local residents of the places they visit.

_____

2 That way, millions of people in the future will get <u>the same</u> enjoyment from these places <u>as</u> people do now.

_____

3 Robots are machines <u>that can do work automatically</u>.

_____

4 <u>Not every</u> animator thought he could do it.

_____

B 우리말과 같은 뜻이 되도록 주어진 말을 바르게 배열하시오.

1 일자리를 구해보는 것이 어떤가?

_____ a job?
(you, try, don't, getting, why)

2 그러므로 부모님에게 돈을 요청하는 것을 그만두어라.

So _____ .
(parents, asking, stop, money, for, your)

3 그러므로 그들은 인간이 할 수 있는 것보다 훨씬 더 오래 일할 수 있다.

Therefore, they can work _____ .
(humans, longer, can, much, than)

C 우리말과 같은 뜻이 되도록 빈칸에 알맞은 말을 쓰시오.

1 요즘 많은 사람들이 전 세계의 이국적인 장소들로 여행을 떠나고 있다.

Lots of people these days are _____ _____ _____ exotic locations around the world.

2 그들은 또한 자신들이 환경에 미치는 영향을 가능한 많이 줄이려고 한다.

They attempt to reduce their environmental footprints _____ _____ _____ _____ , too.

3 세 개의 D는 지저분하고, 위험하고, 따분한 것을 의미한다.

The three D's _____ _____ dirty, dangerous, and dull.

Unit 06

GRAMMAR in Textbooks

· 관계부사
He made a bet with the owner of the hotel **where** he stayed.

· because of
Because of their height, many of them are quite impressive.

21
The Toughest Race

•tough	휑 힘든	•normally	튄 보통
•get on	~에 타다	•athlete	튕 (운동) 선수
•pedal	튕 페달을 밟다	•cycle	튕 자전거를 타다
•get off	~에서 내리다	•get in shape	좋은 몸 상태를 유지하다
•compete	튕 경쟁하다, 출전하다 (in)	•take part in	~에 참가하다
•race	튕 경주, 경기	•correct	휑 올바른
•activity	튕 활동		

22
Annie Oakley

•outstanding	휑 뛰어난	•perform	튕 공연하다
•bet	튕 내기 튕 확신하다	•impress	튕 깊은 인상을 주다
•tiny	휑 아주 작은	•audience	튕 청중, 관중
•show up	나타나다	•trick	튕 속임수; *재주
•contest	튕 대회, 시합	•burning	휑 타고 있는
•shoot	튕 쏘다	•put out	(불을) 끄다
•join	튕 합류하다	•flame	튕 불꽃

23
The First Potato Chips

•customer	튕 손님	•slice	튕 얇게 썰다
•thick	휑 두꺼운	•upset	휑 화난, 속상한
•thin	휑 얇은 튄 얇게	•pick up	집다, 줍다
•cook	튕 요리사		

24
Totem Poles

•northwest	휑 북서부의	•honor	튕 기리다, 공경하다
•create	튕 창조하다	•dead	휑 죽은
•trunk	튕 (나무의) 몸통, 줄기	•past	휑 지난, 과거의
•at least	최소한	•symbol	튕 상징
•height	튕 높이	•common	휑 흔한
•impressive	휑 인상적인	•creative	휑 창의적인
•design	튕 무늬, 문양	•memorable	휑 기억할 만한
•village	튕 마을		

영어는 우리말로, 우리말은 영어로 쓰시오. ▶단어/숙어 기본 연습

1	tough	_____	21	athlete	_____
2	slice	_____	22	경주, 경기	r_____
3	upset	_____	23	outstanding	_____
4	pedal	_____	24	내기; 확신하다	b_____
5	compete	_____	25	audience	_____
6	손님	c_____	26	flame	_____
7	창조하다	c_____	27	tiny	_____
8	impress	_____	28	공연하다	p_____
9	두꺼운	t_____	29	trick	_____
10	얇은; 얇게	t_____	30	요리사	c_____
11	height	_____	31	쏘다	s_____
12	village	_____	32	creative	_____
13	흔한	c_____	33	인상적인	i_____
14	memorable	_____	34	contest	_____
15	honor	_____	35	합류하다	j_____
16	죽은	d_____	36	지난	p_____
17	활동	a_____	37	symbol	_____
18	cycle	_____	38	get on	_____
19	올바른	c_____	39	pick up	_____
20	burning	_____	40	at least	_____

다음 우리말과 같도록 빈칸에 알맞은 말을 쓰시오. ▶문장 속 숙어 확인

1 She didn't _____ _____ for a meeting. 그녀는 회의에 나타나지 않았다.

2 Do you know where we should _____ _____? 어디에서 내려야 하는지 알아?

3 I'm trying to _____ _____ _____.
   나는 좋은 몸 상태를 유지하려고 노력 중이야.

4 Firefighters quickly _____ _____ the fire. 소방관들은 재빨리 그 불을 껐다.

5 He will _____ _____ _____ a speech contest
   tomorrow. 그는 내일 말하기 대회에 참가할 것이다.

21 The Toughest Race

What do you think the most difficult sport is?

The swimmer gets to shore and runs for a bike. She gets on the bike and starts pedaling. A couple of hours later, she gets off the bike. Then, she begins running. She doesn't stop running for three hours. This woman is running a unique race. She's competing in a *triathlon.

A triathlon is a race that has three different activities. Normally, 5 they are swimming, bicycling, and running. The length of each course is different for every race. The Ironman Triathlon is the most famous and toughest of these events. First, athletes swim almost 4 kilometers. Then, they cycle 180 kilometers. Finally, they run 42 kilometers.

Do you think you can become an ironman? You'll need to train 10 hard every day. You'll have to get in excellent shape to take part in the race, too. You'll need to eat the correct foods to have a healthy body.

And you'll have to finish the Ironman Triathlon in 17 hours. Then, you too can be 15 an ironman.

*triathlon 철인 3종 경기

1 글의 주제로 알맞은 것은?

① How triathlons became popular
② Why people like doing triathlons
③ What is required to do a triathlon
④ How to set a record in the triathlon
⑤ Which triathlon event is the toughest

2 글에서 Ironman Triathlon에 관해 언급되지 <u>않은</u> 것은?

① 경기 종목　　　　② 코스별 거리　　　　③ 준비 사항
④ 개최 장소　　　　⑤ 완주 시간

3 How long is the Ironman Triathlon?

① 4 kilometers　　　　　　② 17 kilometers
③ 42 kilometers　　　　　　④ 180 kilometers
⑤ 226 kilometers

✺ 서술형

4 Find the word in the passage which has the given meaning.

_____ : someone who takes part in sports competitions

✺ 서술형

5 다음 빈칸에 알맞은 단어를 글에서 찾아 쓰시오.

> In the Ironman Triathlon, athletes have to
> _____, cycle, and _____ in
> _____ hours.

> *Expand Your* **Knowledge**
>
> **철인 3종 경기**
> 수영, 싸이클, 달리기로 한 경기를 마치는 철인 3종 경기는 코스의 길이에 따라 스프린트 코스, 올림픽 코스, 하프 코스, 아이언 맨 코스 등으로 나뉜다. 이중 스프린트 코스별 거리는 수영 750m, 싸이클 20km, 달리기 5km이고, 올림픽 코스는 수영 1.5km, 싸이클 40km, 달리기 10km이다. 철인 3종 경기의 기원은 1920년대 프랑스에서 자전거 7㎞, 달리기 5㎞, 수영 200m를 이어서 했던 3종 경주에서 찾을 수 있지만, 오늘날 본격적인 철인 3종 경기가 시작된 곳은 1970년대의 미국이다. 철인 3종 경기는 선수들의 정신력의 한계를 시험해 볼 수 있는 대회로 해마다 많은 사람들이 참가하고 있다.

22 Annie Oakley

Have you ever heard of Annie Oakley?

In 1881, Frank Butler visited Cincinnati, Ohio, USA. Butler was an outstanding shooter. He made a bet with the owner of the hotel where he stayed. Butler bet that he could shoot better than anyone in the city.

The next day, a tiny girl with a *rifle showed up. Her name was Annie Oakley. Oakley and Butler started the contest. Each of them made shot after shot. Then, Butler didn't make his twenty-fifth shot. He lost the contest. _____ he fell in love. He married Oakley one year later.

Oakley was one of the most famous shooters in the United States. (A) It was a travel show that had many great shooters. (B) She and Butler joined Buffalo Bill's Wild West. (C) Oakley performed for people around

the world. She impressed audience members with her amazing shooting skills. One of her favorite tricks was to shoot a cigar that was in her husband's mouth. She could also shoot burning candles and put out the flames.

*rifle 소총

2행 ▶ 관계부사: 선행사를 수식하는 형용사절을 이끌며, 선행사가 장소일 때는 where, 때를 나타내는 경우에는 when을 쓴다. 관계부사는 '전치사＋관계대명사'로도 바꾸어 쓸 수 있다.
The house **where** I lived was near the station. 내가 살던 집은 역 근처였다. (where＝in which)
Do you remember the day **when** we first met? 우리가 처음 만났던 날 기억나? (when＝on which)

1 Annie Oakley에 관한 글의 내용과 일치하지 <u>않는</u> 것은?

① Frank Butler와 사격 시합을 해서 이겼다.

② Frank Butler와 결혼했다.

③ 키가 크고 건장한 체구를 가졌다.

④ Buffalo Bill's Wild West 공연단에서 활동했다.

⑤ 놀라운 총 솜씨로 인기를 얻었다.

2 (A)~(C)를 글의 흐름에 알맞게 배열한 것은?

① (A)-(B)-(C)　　　② (A)-(C)-(B)　　　③ (B)-(A)-(C)

④ (B)-(C)-(A)　　　⑤ (C)-(B)-(A)

3 글의 빈칸에 들어갈 말로 가장 알맞은 것은?

① So　　　② But　　　③ Or

④ Because　　　⑤ If

서술형

4 글의 내용과 일치하도록 다음 질문에 답하시오.

Q: What was Annie Oakley's favorite trick?

A: It was _____.

☑ *Summary* **Use the words in the box to fill in the blanks.**

bet	joined	skills	shooter

Frank Butler made a _____ with a hotel owner. He thought he was better than any _____ in Cincinnati. However, Annie Oakley shot better than him. Later, Butler and Oakley got married. Then, they _____ Buffalo Bill's Wild West. They traveled around the world and showed off their shooting _____.

Do you like potato chips?

"Waiter, there's <u>a problem</u> with my food," said the customer. "These fried potatoes are too thick. Please take them back to the kitchen and get me some thinner fried potatoes." The waiter told the cook about the customer. So the cook sliced some more potatoes and fried them.

However, the customer was still not happy. "What's wrong with the cook?" he asked. "These aren't thin enough. I want thin potatoes, not thick ones." (a) This time, the cook was upset. (b) So he decided to give the customer very thin potatoes. (c) The customer also ordered another drink. (d) He cut the potatoes as thin as paper. (e) Then, he threw them in oil and cooked them for a long time. 10

The cook brought the potatoes to the customer. "Are these thin enough?" he asked. The customer looked at the potatoes. He picked one up and ate it. The cook waited for the customer. The customer thought for a moment. "It's delicious," he said. "I'd like some more, please." And that's how the first potato chip was made. 15

1 글에 나타난 손님의 성격으로 가장 알맞은 것은?

① shy ② lazy ③ picky

④ curious ⑤ generous

2 글의 (a)~(e) 중, 전체 흐름과 관계 <u>없는</u> 문장은?

① (a) ② (b) ③ (c) ④ (d) ⑤ (e)

3 글의 내용과 일치하면 T, 그렇지 않으면 F를 쓰시오.

(1) The customer ordered potato chips. _____

(2) The cook became angry with the customer. _____

※ 서술형

4 글의 밑줄 친 <u>a problem</u>이 의미하는 내용을 우리말로 쓰시오.

_____

※ 서술형

5 다음 빈칸에 알맞은 단어를 글에서 찾아 쓰시오.

The _____ _____ was accidentally invented while a customer kept asking the cook to make his fried potatoes _____.

24 Totem Poles

Q Have you seen a status or another object that represents a village or a tribe?

The northwest part of North America includes Canada and the United States. Many Native American tribes live there. Some of these tribes have created unique types of art for centuries. The works ⓐ they make are totem poles.

Totem poles are some of the largest works of art in the world. ⓑ They are made from the trunks of large trees. *Red cedar trees are especially popular. Most totem poles are at least two meters high. ⓒ Some can be more than twenty meters in height. Because of their height, many of ⓓ them are quite impressive.

All totem poles have designs. These designs often tell stories. Totem poles are made for various reasons. ⓔ Some tell the history of a family, village, or tribe. Others are made to honor a dead person or a past event. Totem poles have symbols as well. Common symbols are animals such as *ravens, eagles, bears, and wolves. Totem pole makers use these symbols and many others. They then make works that are creative and memorable.

*red cedar tree: 연필향나무
*raven: 큰 까마귀

5

10

15

GRAMMAR in Textbooks

11행 ▶ because of + 명사(구): ~ 때문에
because는 접속사로서 뒤에 '주어 + 동사'로 이루어진 절이 오고, because of 뒤에는 명사(구)가 온다.
We stayed home **because** it rained. 우리는 비가 와서 집에 있었다.
= We stayed home **because of** rain.

1 토템폴에 관한 글의 내용과 일치하는 것을 모두 고르시오.

① 캐나다와 미국에서 볼 수 있다.

② 새로운 예술의 한 형태이다.

③ 주로 연필향나무 기둥으로 만들어진다.

④ 대부분 높이가 20미터 정도이다.

⑤ 동물 형상들이 조각되어 있다.

2 글의 밑줄 친 ⓐ~ⓔ 중, 가리키는 대상이 나머지 넷과 다른 것은?

① ⓐ   ② ⓑ   ③ ⓒ   ④ ⓓ   ⑤ ⓔ

3 According to the passage, why do some people make totem poles?

① To scare animals

② To attract tourists

③ To celebrate weddings

④ To tell family histories

⑤ To honor living people

※ 서술형

4 글의 내용과 일치하도록 다음 질문에 답하시오.

Q: Which animals are commonly used as symbols on totem poles?

A: They are _____.

※ 서술형

5 다음 빈칸에 알맞은 단어를 글에서 찾아 쓰시오.

_____ _____ are tall, wooden poles made
by _____ _____ people.

focus On Sentences

A   다음 문장을 밑줄 친 부분에 유의하여 우리말로 해석하시오.

1   A triathlon is a race <u>that has three different activities</u>.

_____

2   He made a bet with the owner of the hotel <u>where he stayed</u>.

_____

3   <u>That's how</u> the first potato chip was made.

_____

4   <u>Because of</u> their height, many of them are quite impressive.

_____

B   우리말과 같은 뜻이 되도록 주어진 말을 바르게 배열하시오.

1   다음날, 소총을 가진 작은 소녀가 나타났다.

The next day, _____.
　　　　　　　　(a, tiny, showed, rifle, a, with, girl, up)

2   그는 그 감자들을 종이만큼 얇게 잘랐다.

He _____.
　　　　(cut, as, the, as, paper, thin, potatoes)

3   토템폴은 세계에서 가장 큰 예술 작품들 중 일부이다.

Totem poles are _____ in the world.
　　　　　　(largest, the, some, works of art, of)

C   우리말과 같은 뜻이 되도록 빈칸에 알맞은 말을 쓰시오.

1   당신은 그 경기에 참가하기 위해 아주 좋은 몸 상태를 유지해야 할 것이다.

You'll have to get in excellent shape to _____ _____
_____ the race.

2   그는 하나를 집어 그것을 먹었다.

He _____ one _____ and ate it.

3   대부분의 토템폴들은 높이가 최소 2미터이다.

Most totem poles are _____ _____ two meters high.

Unit 07

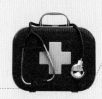
GRAMMAR
in
Textbooks

· 비교급을 이용한 최상급 표현
A rainbow is **more beautiful than any other sight** in the natural world.

· the+비교급, the+비교급
But **the more** time passed, **the bigger** it became.

25
The First Spider

• spider	명 거미	• compare	동 비교하다
• weave	동 (옷감을) 짜다	• make fun of	~을 놀리다
• cloth	명 천, 옷감	• forever	부 영원히
• proud	형 자랑스러운; *거만한	• fall out	빠지다, 떨어지다
• goddess	명 여신	• no longer	더 이상 ~이 아닌
• challenge sb to a contest	~에게 시합을 신청하다		

26
Rainbows

• chance	명 가능성, 기회	• uncommon	형 흔하지 않은
• form	동 형성하다	• appear	동 나타나다
• raindrop	명 빗방울	• sunrise	명 일출
• bend	동 구부리다	• sunset	명 일몰
• direction	명 방향	• lunar	형 달의
• sight	명 광경	• bright	형 밝은

27
Ecofriendly Homes

• homeowner	명 집주인	• shade	명 그늘
• amount	명 양	• block	동 막다
• look after	~을 돌보다	• take a shower	샤워를 하다
• plant	동 심다	• run	동 흐르다
• yard	명 마당	• brush one's teeth	이를 닦다
• provide	동 제공하다	• do the dishes	설거지하다

28
Doctors Without Borders

• border	명 국경	• battle	명 전투
• get hurt	다치다	• mostly	부 주로
• care for	~을 돌보다	• mission	명 임무
• journalist	명 언론인, 기자	• bomb	동 폭격하다
• injured	형 다친	• attack	동 공격하다
• pass	동 지나가다	• be willing to-v	기꺼이 ~하다
• take sides	편을 들다	• risk one's life	목숨을 걸다

영어는 우리말로, 우리말은 영어로 쓰시오. ▶단어/숙어 기본 연습

1 거미   s_____
2 cloth   _____
3 raindrop   _____
4 block   _____
5 shade   _____
6 여신   g_____
7 자랑스러운; 거만한   p_____
8 밝은   b_____
9 injured   _____
10 attack   _____
11 run   _____
12 영원히   f_____
13 chance   _____
14 bend   _____
15 uncommon   _____
16 일출   s_____
17 일몰   s_____
18 mission   _____
19 provide   _____
20 homeowner   _____

21 border   _____
22 weave   _____
23 compare   _____
24 형성하다   f_____
25 지나가다   p_____
26 전투   b_____
27 폭격하다   b_____
28 direction   _____
29 sight   _____
30 appear   _____
31 lunar   _____
32 journalist   _____
33 mostly   _____
34 심다   p_____
35 amount   _____
36 마당   y_____
37 care for   _____
38 샤워를 하다   t_____
39 be willing to   _____
40 risk one's life   _____

다음 우리말과 같도록 빈칸에 알맞은 말을 쓰시오. ▶문장 속 숙어 확인

1 How many times do you _____ _____ _____?
당신은 하루에 몇 번 이를 닦습니까?

2 I'm glad you didn't _____ _____. 네가 다치지 않아서 기쁘다.

3 You are _____ _____ a child. 너는 더 이상 어린 아이가 아니다.

4 He didn't _____ any _____. 그는 어느 쪽도 편을 들지 않았다.

5 It's your turn to _____ _____ _____. 네가 설거지할 차례야.

25 The First Spider

Do you know any
Greek myths?

In ancient Greece, there lived a girl named Arachne. She was excellent at weaving. (A) She wove many pictures into cloths. (B) Arachne became proud. (C) People saw her cloths and said she was a great weaver. She said she was better at weaving than Athena. Athena was a Greek goddess who was a great weaver. 5

Athena heard about Arachne. So the goddess challenged her to a contest. The two weaved all day long. Then, they compared the results. Athena's cloth showed the Greek gods on Mt. Olympus. They were helping humans in various ways. Arachne's cloth also showed the gods. But her picture made fun of them. 10

Athena became angry because of the picture. She said to Arachne, "If you want to weave, then do it forever." Suddenly, Arachne's body started to change. Her hair fell out. Her body became smaller and smaller. When she stopped changing, she was no longer a person. She was a spider. And that is 15 why spiders weave all the time.

1 글의 주제로 가장 알맞은 것은?

① What spiders look like

② The Greek gods of Mt. Olympus

③ The power of the goddess Athena

④ Why people should not challenge gods

⑤ A contest between a goddess and a human

2 According to the passage, why did Athena challenge Arachne to a contest?

① Arachne made fun of the gods.

② Arachne did not listen to Athena.

③ Arachne said she weaved better than Athena.

④ Arachne made people laugh at the gods.

⑤ Arachne thought Athena could not weave.

3 (A)~(C)를 글의 흐름에 알맞게 배열한 것은?

① (A)-(B)-(C)　　　　② (A)-(C)-(B)　　　　③ (B)-(A)-(C)

④ (C)-(A)-(B)　　　　⑤ (C)-(B)-(A)

※ 서술형

4 글의 내용과 일치하도록 다음 질문에 답하시오.

Q: What did Athena do at the end of the contest?

A: She turned _____ into a(n) _____.

※ 서술형

5 Find the word in the passage which has the given meaning.

_____ : feeling that you are better and more important than other people

---

Expand Your **Knowledge**

그리스 로마 신화

그리스 로마 신화는 고대 그리스에서 시작되어 로마 제국으로 이어져 온 신화다. 태양계 행성들의 이름도 이 신화에 등장하는 신들의 이름에서 따왔고 서양의 많은 예술과 문학 작품들 또한 그리스 로마 신화의 영향을 받았다. 이 신화를 통해 우리는 고대 그리스인들이 자연과 인간의 본성을 어떻게 바라보았는지 엿볼 수 있으며, 별자리, 동물 등의 유래를 찾아볼 수도 있다. 또한, 어느 문학 작품 못지 않게 탄탄한 이야기 구조와 소재 덕분에 현재까지도 사랑 받는 하나의 문학 작품이라고도 할 수 있다.

26 Rainbows

Have you seen a
rainbow recently?

The next time it stops raining and the sun comes out, go outside and look up. ① There's a good chance that you'll see a rainbow. ② Rainbows form when sunlight *reflects off raindrops. ③ Then, the light gets bent, so the light changes the direction it goes. ④ Many people say that a rainbow is more beautiful than any other sight in the natural world. ⑤ 5

If you're lucky, you won't see a regular rainbow, also called a *primary rainbow, though. Instead, you'll see a more uncommon type. Sometimes double rainbows appear. These form when the light in *water droplets gets reflected twice instead of only once. Even rarer are red rainbows. You can only see them at sunrise or sunset. Instead of having 10 many colors, these rainbows only appear red in color. The rarest types of rainbows never appear during the day. They form at night. These are lunar rainbows. They usually form during a full moon, but they are not usually bright.

*reflect 반사하다
*primary rainbow 1차 무지개
*water droplet 물방울

GRAMMAR in Textbooks

5행 ▶ 비교급 + than any other + 단수명사: 다른 어떤 ~보다 더 …한 (최상급을 의미)
Soccer is **the most popular sport** in the world. 축구는 세계에서 가장 인기 있는 스포츠이다.
= Soccer is **more popular than any other sport** in the world.
축구는 세계에서 다른 어떤 스포츠보다 더 인기 있다.

1 글의 주제로 가장 알맞은 것은?

① The rarest rainbows

② Where to see a rainbow

③ Different types of rainbows

④ The most beautiful rainbows

⑤ Beautiful sights in the natural world

2 다음 문장이 들어갈 위치로 가장 알맞은 것은?

> That lets us see the different colors of the rainbow.

①   ②   ③   ④   ⑤

3 글에 따르면, 가장 보기 힘든 무지개는?

① red rainbows   ② lunar rainbows

③ regular rainbows   ④ double rainbows

⑤ primary rainbows

≫ 서술형

4 Find the word in the passage which has the given meaning.

_____: the possibility that something will happen

≫ 서술형

5 다음 빈칸에 알맞은 단어를 글에서 찾아 쓰시오.

> _____ rainbows only appear at _____ or
> _____, and they only have one color: red.

27 Ecofriendly Homes

How can we
take care of the
environment
at home?

It's important to save energy and to take care of the environment. People can do (a) <u>both</u> at their homes. Of course, not everyone can put *solar panels on their homes. But there are other ways homeowners can reduce the amount of energy they use. By doing that, they can look after the environment. 5

One way is to make sure that all doors and windows close well. ① Even doors and windows which are a bit open can let air in or out. ② If you live in a house, plant some trees in your yard. ③ The trees can provide shade in summer, so your house will be cooler. ④ In winter, they can block cold winds, so your house will be warmer. ⑤ 10

You can also try using less water. Take shorter showers. Don't leave the water running while you're brushing your teeth. Don't let the water run while you are doing the dishes as well. Try these tips, and you'll have an ecofriendly home.

*solar panel 태양 전지판 15

1 What is the best title for the passage?

① Living a Healthier Lifestyle

② All for an Ecofriendly Lifestyle

③ How to Make Your Home Ecofriendly

④ Housing Trends from around the World

⑤ The Benefits of Solar Panels for Your Home

2 글의 조언에 해당하지 않는 것은?

① Take shorter showers.

② Plant trees in your yard.

③ Close all doors and windows well.

④ Install solar panels on your home.

⑤ Turn off the water while brushing your teeth.

3 다음 문장이 들어갈 위치로 가장 알맞은 것은?

> That can cause heating and cooling bills to be more expensive.

①   ②   ③   ④   ⑤

》 서술형

4 글의 밑줄 친 (a) both가 의미하는 내용을 우리말로 쓰시오.

_____

✔ *Summary* **Use the words in the box to fill in the blanks.**

wind	close	turn off	ecofriendly

There are many ways people can have _____ homes. They can have doors and windows that _____ well. They can plant trees. The trees will provide shade and protect their homes from the _____. People can use less water. They can take shorter showers. They can _____ the water while brushing their teeth and washing the dishes.

28 Doctors Without Borders

Do you know any international organizations or groups that help people in need?

In 1971, there was a *civil war in Nigeria. Many people got hurt, and there were few doctors to care for them. Some French doctors and journalists wanted to help. So they formed a group to take care of sick and injured people. In French, the group's name is Médecins Sans Frontières. The English name is better known: Doctors Without Borders. 5

(A) It began taking care of people in countries around the world. (B) But the more time passed, the bigger it became. (C) The group was small at first. The group didn't take sides in wars or battles. Its members only wanted to _____.

Today, thousands of doctors and nurses volunteer with the group 10 in more than seventy countries. They mostly work in Africa and Asia. But Doctors Without Borders also helps people in South America, North America, and Europe. The mission is not always easy.

Sometimes their hospitals are bombed or attacked.

Many volunteers have died. But <u>the doctors</u> 15 <u>and nurses</u> are willing to risk their lives to help others.

*civil war 내전

GRAMMAR in Textbooks

7행 ▶ the + 비교급, the + 비교급: 더 ~할수록 더 …하다
The more you practice, **the better** you will do. 더 많이 연습할수록, 너는 더 잘하게 될 거야.
The higher you climb, **the colder** it gets. 더 높이 오를수록, 더 추워진다.

1 Doctors Without Borders에 관한 글의 내용과 일치하는 것은?

① 1차 세계 대전을 계기로 설립되었다.

② 프랑스 명칭으로 더 잘 알려져 있다.

③ 전쟁 지역에서 특정 국가의 사람들을 돕는다.

④ 유럽 지역에서 가장 활발히 활동한다.

⑤ 활동 중 많은 자원봉사자들이 목숨을 잃었다.

2 (A)~(C)를 글의 흐름에 알맞게 배열한 것은?

① (A)-(B)-(C) ② (A)-(C)-(B) ③ (B)-(A)-(C)
④ (C)-(A)-(B) ⑤ (C)-(B)-(A)

3 글의 빈칸에 들어갈 말로 가장 알맞은 것은?

① help people ② make some money
③ build their careers ④ work in other countries
⑤ fight for their countries

※ 서술형

4 글의 내용과 일치하도록 다음 질문에 답하시오.

Q: Who started Doctors Without Borders?

A: _____ started it.

※ 서술형

5 Find the word in the passage which has the given meaning.

_____ : to work for no money

focus On Sentences › 중요 문장 다시 보기

A 다음 문장을 밑줄 친 부분에 유의하여 우리말로 해석하시오.

1 <u>That is why</u> spiders weave all the time.

_____

2 It's important <u>to save energy and to take care of the environment</u>.

_____

3 Don't <u>let the water run</u> while you are doing the dishes.

_____

4 <u>The more time</u> passed, <u>the bigger</u> it became.

_____

B 우리말과 같은 뜻이 되도록 주어진 말을 바르게 배열하시오.

1 그래서 그 여신은 그녀에게 시합을 신청했다.

So the goddess _____.
(her, challenged, contest, to, a)

2 무지개는 자연 세계에서 다른 어떤 광경보다 더 아름답다.

A rainbow is _____ in the natural world.
(beautiful, other, any, than, sight, more)

3 그것은 난방비와 냉방비가 더 비싸지게 만들 수 있다.

That can _____.
(heating, cooling bills, cause, be, to, expensive, more, and)

C 우리말과 같은 뜻이 되도록 빈칸에 알맞은 말을 쓰시오.

1 그녀의 몸은 점점 더 작아졌다.

Her body became _____ _____ _____.

2 변하기를 멈추었을 때, 그녀는 더 이상 사람이 아니었다.

When she stopped changing, she was _____ _____ a person.

3 그 의사들과 간호사들은 다른 사람들을 돕기 위해 기꺼이 자신들의 목숨을 건다.

The doctors and nurses _____ _____ _____ risk their lives to help others.

Unit 08

GRAMMAR
in
Textbooks

· 현재분사/과거분사
The Thai people **living** there needed protein to eat.

· It is/was ~ that … 강조 구문
It was humans **that** put a male lion and a female tiger together.

29
The Swamp Rabbit

• get into	~에 들어가다, 타다
• pond	몡 연못
• enjoy oneself	즐기다, 즐겁게 보내다
• splash	통 첨벙거리다; 튀기다
• toward	전 ~을 향하여
• mean	혱 못된; *사나운
• swamp	몡 늪
• oar	몡 노
• miss	통 놓치다
• president	몡 대통령
• put down	내려놓다
• encounter	통 만나다, 마주치다
• photographer	몡 사진사
• take a picture	사진을 찍다

30
Fried Insects

• insect	몡 곤충
• scenery	몡 경치, 풍경
• northeast	혱 북동의
• crop	몡 농작물
• protein	몡 단백질
• catch	통 잡다
• tradition	몡 전통
• spread	통 퍼지다
• grasshopper	몡 메뚜기
• cricket	몡 귀뚜라미
• beetle	몡 딱정벌레
• available	혱 구할 수 있는
• pepper	몡 후추
• soy sauce	몡 간장
• delicious	혱 맛있는

31
3D-Printed Clothes

• clothes	몡 옷
• clothing industry	의류 산업
• well-known	혱 잘 알려진
• electronics	몡 전자제품
• manufacturer	몡 제조사, 생산 회사
• technology	몡 기술
• allow	통 허락[허용]하다
• object	몡 물건, 물체
• metal	몡 금속
• textile	몡 직물, 옷감
• design	몡 도안
• material	몡 재료
• press	통 누르다
• after a while	잠시 후

32
Animal Hybrids

• species	몡 (동·식물의) 종
• mate	통 짝짓기를 하다
• occur	통 일어나다
• exist	통 존재하다
• wild	몡 야생, 자연
• combination	몡 조합, 결합
• behave	통 행동하다
• male	혱 남성[수컷]의
• female	혱 여성[암컷]의
• zebra	몡 얼룩말
• donkey	몡 당나귀
• gray	혱 회색의
• striped	혱 줄무늬의

A 영어는 우리말로, 우리말은 영어로 쓰시오. ▶ 단어/숙어 기본 연습

1	clothes	_____	21 object	_____
2	연못	p_____	22 northeast	_____
3	well-known	_____	23 electronics	_____
4	spread	_____	24 기술	t_____
5	species	_____	25 encounter	_____
6	male	_____	26 oar	_____
7	splash	_____	27 mean	_____
8	놓치다	m_____	28 후추	p_____
9	대통령	p_____	29 female	_____
10	tradition	_____	30 맛있는	d_____
11	occur	_____	31 textile	_____
12	exist	_____	32 도안	d_____
13	누르다	p_____	33 grasshopper	_____
14	photographer	_____	34 material	_____
15	곤충	i_____	35 짝짓기를 하다	m_____
16	scenery	_____	36 회색의	g_____
17	농작물	c_____	37 striped	_____
18	combination	_____	38 얼룩말	z_____
19	behave	_____	39 donkey	_____
20	available	_____	40 allow	_____

B 다음 우리말과 같도록 빈칸에 알맞은 말을 쓰시오. ▶ 문장 속 숙어 확인

1 Can I _____ _____ _____ here? 여기서 사진을 찍어도 되나요?

2 When you _____ _____ a car, make sure to wear a seatbelt.
차에 타면 반드시 안전벨트를 매어라.

3 She _____ _____ the glass on the table.
그녀는 유리잔을 탁자 위에 내려놓았다.

4 _____ _____ _____, the rain stopped. 잠시 후, 비가 멈췄다.

5 Did you _____ _____ at the party? 파티에서 즐겁게 보냈니?

29 The Swamp Rabbit

Q What do you think of rabbits?

In 1979, <u>a man</u> was on his farm in Georgia, USA. He wanted to go fishing. So he got into a boat and went onto a pond. It was a bright, sunny day. The man was enjoying himself very much.

Suddenly, he heard a noise. There was something in the water. It was splashing and making strange noises. It sounded angry. And it was swimming toward the boat. The man looked closely. It was a rabbit. It wasn't a cute white rabbit though. It was a big, mean *swamp rabbit. And it wanted to get into the boat.

The rabbit swam closer. The man picked up an oar. He splashed the water near the rabbit. He missed. He tried again and again. _____, the rabbit gave up and swam away. American President Jimmy Carter put down the oar. He had just encountered a killer rabbit. Unfortunately for the president, a photographer took a picture of him and the rabbit. So many people laughed at him about that.

*swamp rabbit 늪토끼

1 글의 주제로 가장 알맞은 것은?

① How presidents take vacation
② A president attacked by a rabbit
③ President Jimmy Carter's hobbies
④ Swamp rabbits and their behavior
⑤ The life of President Jimmy Carter

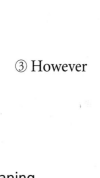

2 글을 읽고 밑줄 친 a man에 관해 답할 수 없는 질문은?

① What is his job?
② What is his name?
③ Where was he?
④ What was he doing?
⑤ How did he feel later?

3 글의 빈칸에 들어갈 말로 가장 알맞은 말은?

① Finally   ② Instead   ③ However
④ In addition   ⑤ In other words

4 Find the word in the passage which has the given meaning.

_____: to meet someone unexpectedly

30 Fried Insects

Q

How do you feel about insects?

Thailand is one of the world's most popular tourist destinations. People from all over the world visit the country. They go there for the beaches, the scenery, and the food. *Tom yum goong* and *pad Thai* are two famous Thai foods. Some others are *jing leed*, *non mai*, and *tak ga tan*.

Those three foods are the names of insects. That's right. In Thailand, people eat insects. The northeast part of Thailand is very hot and dry. It's hard to grow crops and to raise animals there. The Thai people living there needed protein to eat. So many of them caught insects and cooked them. (a) <u>This tradition</u> later spread to other parts of the country.

Today, fried insects are a popular food everywhere in Thailand.

You can walk down a busy street and buy a bag of insects. Grasshoppers, crickets, ants, and beetles are all available. People eat other insects, too. Just put some pepper and soy sauce on them, and you can enjoy a delicious snack.

5

10

15

GRAMMAR in Textbooks

8행 ▶ 현재분사/과거분사: 분사는 형용사처럼 명사를 수식하는 역할을 하며, 현재분사(-ing)는 '~하는, ~하고 있는', 과거분사(-ed)는 '~된, ~당한'의 의미를 갖는다. 분사가 수식어구와 함께 올 때는 명사 뒤에서 수식한다.
He poured **boiling** <u>water</u> into the cup. 그는 끓는 물을 그 컵에 부었다.
What is the <u>language</u> **spoken** on the island. 그 섬에서 말해지는 언어는 무엇입니까?

1 글의 제목으로 가장 알맞은 것은?

① All about Thai Cuisine
② Let's Take a Trip to Thailand
③ Insects: The Food of the Future
④ Eating Fried Insects in Thailand
⑤ Things You Must Do in Thailand

2 글에 따르면, 태국에서 곤충을 먹기 시작한 이유는?

① 곤충이 너무 많아서
② 맛이 어떤지 궁금해서
③ 단백질을 보충하기 위해
④ 독특한 음식을 좋아해서
⑤ 약의 재료로 쓰였기 때문에

3 곤충 튀김에 관한 글의 내용과 일치하면 T, 그렇지 않으면 F를 쓰시오.

(1) 태국 북동부 지역에서 먹기 시작했다. _____
(2) 오늘날은 소수의 태국 사람들만이 먹는다. _____

※ 서술형
4 글의 밑줄 친 (a) This tradition이 의미하는 내용을 우리말로 쓰시오.

_____

※ 서술형
5 글의 내용과 일치하도록 다음 질문에 답하시오.

Q: What are some insects people can eat in Thailand?
A: They are _____.

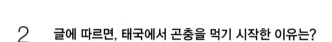

Expand Your Knowledge

식용 곤충

벌레를 먹는다는 생각을 하면 처음에 거부감이 들 수 있지만 생각해 보면 곤충만큼 좋은 단백질 공급원이 없다. 태국뿐만 아니라, 중국과 우리나라에도 곤충을 먹는 문화가 있다. 특히, 식용 곤충은 미래의 식량과 기아 문제를 해결하는 열쇠가 될 것으로 각광 받고 있다. 곤충 100g에 함유된 단백질은 소고기 100g의 3배라고 한다. 소와 같은 큰 가축 동물을 키울 수 없는 나라에서는 곤충이 좋은 식량이 될 수 있는 것이다. 무작정 거부감을 표현할 것이 아니라, 식량 문제 해결에 큰 도움이 될 수 있다는 생각으로 편견을 바꾸는 것이 필요하다.

31 3D-Printed Clothes

How will
3D-printing
change our lives?

(a) Gucci, Armani, and Pierre Cardin are three famous names in the clothing industry. (b) Soon, Electroloom may be another famous name. (c) Another well-known clothing maker is Versace. (d) Electroloom is a company in San Francisco, USA. (e) It doesn't have any designers like other clothing makers do though. The reason is that Electroloom is an electronics manufacturer. It creates 3D printers.

3D-printing is a new kind of technology. It allows people to make *three-dimensional objects. Most 3D printers can create items from plastic, paper, ceramics, or metal. But Electroloom's 3D printer is different. It can make items from textiles. So it can create clothes.

Imagine making new clothes every day. With a 3D printer, that will be easy. Just download the design you want onto your computer.

Make sure it is the correct size for you. Check that the printer has enough of the material you are using. Then, press the print button. After a while, your clothes will be ready. The technology isn't perfect yet. But ⓐ it will be someday soon.

*three-dimensional 3차원의, 입체적인

1 글에 따르면, Electroloom에서 만드는 것은?

① textiles
② 3D printers
③ clothing designs
④ 3D-printed clothes
⑤ 3D-printer materials

2 글의 (a)~(e) 중, 전체 흐름과 관계 <u>없는</u> 문장은?

① (a)　　　② (b)　　　③ (c)　　　④ (d)　　　⑤ (e)

3 글의 밑줄 친 ⓐ <u>it</u>이 가리키는 것은?

① the design　　　② the correct size　　　③ the material
④ the print button　　　⑤ the technology

4 글의 내용과 일치하도록 다음 질문에 답하시오.

Q: What do people need to make 3D-printed clothes?
A: They need the _____ and enough _____.

5 다음 빈칸에 알맞은 단어를 글에서 찾아 쓰시오.

The _____ _____ by Electroloom can
make items from _____, so people can use it to make
_____.

32 Animal Hybrids

Q

Do you know any animals from two different species?

Sometimes animals of two different species mate. If they produce a baby, it is a *hybrid. These hybrids often occur in the world.

For example, the grolar bear exists in the wild. This hybrid is a combination of a *grizzly bear and a polar bear. The grolar bear is smaller than a polar bear but larger than a grizzly bear. It also behaves 5 more like a polar bear. A male donkey and a female horse may mate, too. Their baby is a *mule. It is the size of a female horse and is often used on farms.

_____, it was humans that put a male lion and a female tiger together. The result was a liger, the biggest cat in the world. A 10 combination of a zebra and a donkey can produce a zonkey. It has a gray body but striped legs. And a wolfdog is a combination between a gray

wolf and a large dog such as a German Shepherd.

*hybrid (동식물의) 잡종
*grizzly bear 회색곰
*mule 노새

GRAMMAR in Textbooks

9행 ▶ It is/was ~ that … 강조 구문: '…한 것은 바로 ~이다/였다'로 해석하며, 강조하고자 하는 말이 It is/was와 that 사이에 온다.

Carol won the gold medal yesterday. Carol은 어제 금메달을 땄다.

→ **It was** Carol **that** won the gold medal yesterday. 어제 금메달을 딴 사람은 바로 Carol이었다.

→ **It was** the gold medal **that** Carol won yesterday. Carol이 어제 딴 것은 바로 금메달이었다.

→ **It was** yesterday **that** Carol won the gold medal. Carol이 금메달을 딴 것은 바로 어제였다.

1 According to the passage, which animal is NOT a hybrid?

① a mule ② a liger ③ a wolfdog
④ a zonkey ⑤ a German Shepherd

2 글의 내용과 일치하면 T, 그렇지 않으면 F를 쓰시오.

(1) A mule is the result of a male donkey and a female horse mating. _____

(2) A zonkey has a gray body with stripes all over it. _____

3 글의 빈칸에 들어갈 말로 가장 알맞은 것은?

① Instead ② Therefore ③ For example
④ In other words ⑤ On the other hand

※ 서술형
4 글의 내용과 일치하도록 다음 질문에 답하시오.

Q: What is a grolar bear?

A: It is _____ .

✅ *Summary* **Use the words in the box to fill in the blanks.**

donkey	hybrids	wolfdog	combination

Animals of different species may mate and produce _____. The grolar bear is the result of a grizzly bear and a polar bear mating. A _____ and a horse can produce a mule. The liger is a _____ of a lion and a tiger. Zebras and donkeys can produce zonkeys. And a _____ is a combination of a gray wolf and a large dog.

focus On Sentences › 중요 문장 다시 보기

A 다음 문장을 밑줄 친 부분에 유의하여 우리말로 해석하시오.

1 It's hard <u>to grow crops and raise animals</u> there.

_____

2 <u>The reason is that</u> Electroloom is an electronics manufacturer.

_____

3 It <u>allows people to make</u> three-dimensional objects.

_____

4 <u>It was humans that</u> put a male lion and a female tiger together.

_____

B 우리말과 같은 뜻이 되도록 주어진 말을 바르게 배열하시오.

1 그곳에 사는 태국 사람들은 먹을 단백질이 필요했다.

_____ needed protein to eat.
　　　　　(Thai, there, the, living, people)

2 그 회사에는 다른 의류 제조사에 있는 것처럼 어떤 디자이너들도 없다.

It doesn't have any designers _____.
　　　　　　　　　　　(clothing makers, like, do, other)

3 그 인쇄기에 당신이 사용할 재료가 충분히 있는지 확인해라.

Check that the printer has enough of _____.
　　　　　　　　　　　(you, the, using, material, are)

C 우리말과 같은 뜻이 되도록 빈칸에 알맞은 말을 쓰시오.

1 그 남자는 매우 즐거운 시간을 보내고 있었다.

The man was _____ _____ very much.

2 한 사진사가 그와 토끼의 사진을 찍었다.

A photographer _____ _____ _____ of him and the rabbit.

3 3D 인쇄기가 있다면, 그것은 쉬울 것이다.

_____ a 3D printer, that will be easy.

내신공략! 독해공략!

내공
중학영어독해

기본2

정답 및 해설

📘 DARAKWON

Words & Phrases

p.011

A

1 양로원	**2** 연세가 많은	**3** 키우다, 기르다		**4** cheerful	**5** owner
6 파괴하다	**7** 모험	**8** 신이 난, 들뜬		**9** present	**10** 매우, 고도로
11 지능이 있는, 똑똑한		**12** 성격	**13** blind	**14** 사육사	**15** scarf
16 feed	**17** 돌다; (고치를) 짓다		**18** boil	**19** (감긴 것을) 풀다
20 실내에서	**21** pet	**22** 즐겁게 해주다		**23** deaf	**24** 장애
25 receive	**26** 누에	**27** 까다로운	**28** once	**29** 암호	**30** 통신 (수단)
31 ~의 흥미를 끌다		**32** novel	**33** 허구의, 소설의		**34** steal
35 kindness	**36** 매년 있는	**37** nature	**38** ~을 이기다, 물리치다		**39** 재주를 부리다
40 ~ 중에					

B

1 go well   **2** similar to   **3** is known for   **4** come up with   **5** have a problem finding

01 Unique Service Animals

p.012

정답	**1** ④	**2** ③	**3** ⑤	**4** various tricks	**5** Potbellied pigs, blind

지문 해석 Sherman은 도우미 동물이다. 그는 주인과 함께 뉴저지에 있는 양로원들을 방문한다. 노인들은 Sherman을 쓰다듬는 것을 아주 좋아한다. 그는 다양한 재주를 부림으로써 모두를 즐겁게 한다. 그는 사람들을 미소 짓게 한다. 그렇지만 Sherman은 개가 아니다. 그는 50킬로그램짜리 돼지이다.

배불뚝이 돼지들은 매우 똑똑한 동물들이다. (B) 어떤 과학자들은 그들이 개들만큼이나 영리하다고 한다. (C) 그들은 훌륭한 성격을 갖고 있으며 사람들 주변에 있는 것을 좋아한다. (A) 그들은 또한 너무 크게 자라지도 않는다. 그들 대부분은 절대로 70킬로그램 이상 나가지 않는다. 그래서 그들은 사람들 집의 실내에서 살 수 있다. 사람들은 그들을 훈련시켜서 개들처럼 화장실을 사용하게 할 수도 있다.

그리고 배불뚝이 돼지들은 개들처럼 훌륭한 도우미 동물들이 된다. 요즘에는 많은 사람들이 그들을 도우미 동물들로 훈련시키고 있다. 그들은 시각장애인들과 청각장애인들을 돕는다. 그들은 다양한 장애를 가진 사람들을 돕는다. 어떤 도우미 돼지들은 불타는 집들과 다른 위험한 상황들로부터 자신들의 주인을 끌어냄으로써 그들을 구하기도 했다. 그러므로 미래에 맹인 안내 돼지들은 맹인 안내견들만큼 인기가 있을지도 모른다.

문제 해설 **1** 앞에서 배불뚝이 돼지들이 매우 똑똑하다고 했으므로 그것의 부연설명에 해당하는 (B)가 먼저 오고, (A)는 몸무게가 70킬로그램을 넘지 않는다는 내용 앞에 오는 것이 자연스럽다. (C)는 앞뒤 내용과 연결되지 않으므로 (B)와 (A) 사이에 올 수 있다.

2 70킬로그램 이상 자라지 않는다고 했으므로 ③은 내용과 일치하지 않는다. (8행)

3 돼지가 주인을 끌어내어 구했다는 내용이므로 ⓐ는 their owners를 가리킨다.

4 2~3행에 Sherman이 사람들을 즐겁게 하는 방법이 언급되어 있다.

Q: Sherman은 어떻게 사람들을 즐겁게 하는가?

A: 그는 <u>다양한 재주</u>를 부린다.

5 Sherman같은 배불뚝이 돼지들은 훌륭한 도우미 동물들이다. 그들은 <u>시각</u>장애인들과 청각장애인들 모두를 도울 수 있다.

구문 해설

06행 Some scientists say they are **as smart as** dogs.
- 〈as + 형용사 원급 + as〉는 '~만큼 …한'의 의미이다.

12행 And, like dogs, potbellied pigs **make** great service animals.
- make는 '~이 되다'의 의미로 쓰였다. *e.g.* Cats **make** good pets. (고양이들은 좋은 애완동물이 된다.)

15행 Some service pigs have even saved their owners **by pulling** them from *burning* homes and other dangerous situations.
- 〈by + -ing〉는 '~함으로써'의 의미이다.
- burning은 현재분사로 '불타는'의 의미이다.

17행 So in the future, **it**'s possible **that seeing-eye pigs may be just as popular as seeing-eye dogs**.
- it은 가주어이고 that이 이끄는 절은 진주어이다.

02 Silk Farmers

p.014

| 정답 | **1** ① | **2** ④ | **3** ⑤ | **4** picky | | *Summary* | Silk, silkworms, boil, cocoons |

지문 해석 어디에서나 사람들은 넥타이, 스카프, 블라우스, 셔츠와 같은 실크로 만들어진 옷과 장신구들을 착용한다. 대부분의 사람들은 실크 제품들을 선물로 받고서 들떠 한다. 하지만 많은 사람들이 실크가 어디서 나오는지 모른다.

실크는 누에의 고치에서 나온다. 중국, 인도, 태국, 그 밖의 아시아 나라들에 있는 실크 농장주들은 실크를 얻기 위해 누에들을 키운다. 실크 농사는 쉬운 일이 아니다. 누에들은 식성이 매우 까다롭다. 그것들은 오직 뽕나무 잎이나 열매만을 먹는다. 실크 농장주들은 매일 여러 번 누에들에게 먹이를 주어야 한다. 누에들이 충분한 먹이를 먹을 수 있도록 하는 것은 어려운 일이다.

누에가 자라면 그것은 고치를 짓기 시작한다. 만약 농장주가 고치를 내버려두면 3일 후에 나비가 나올 것이다. 대신 농장주는 고치를 가져가 그것을 삶는다. 그런 다음 그 고치로부터 생사를 푼다. 한 장의 블라우스를 만들기에 충분한 실크를 얻는 데는 많은 고치들이 필요하다. (대부분의 실크 의류들은 고가에 팔린다.) 실크 농사는 힘든 일이다. 하지만 실크 농장주들은 수세기 동안 같은 일을 해왔다.

문제 해설 **1** 실크 농장에서 누에를 키워 실크를 얻는 과정을 소개하고 있으므로 ① '실크 농장주들이 어떻게 실크를 얻는가'가 가장 알맞다.
② 사람들은 왜 누에를 키우는가
③ 사람들이 실크를 이용하는 방법들
④ 누에의 한살이
⑤ 누에를 돌보는 적절한 방법

2 하루에 여러 번 누에들에게 먹이를 주어야 한다고 언급되어 있으므로 ④는 틀린 내용이다. (12~13행)

3 누에고치를 삶아 생사를 뽑아내는 과정을 설명하고 있으므로 실크의 가격에 대해 언급하고 있는 (e)는 글의 흐름과 관계가 없다.

4 '좋아하는 것이 거의 없고 만족시키기가 어려운'의 의미를 가진 단어는 picky(까다로운)이다. (11행)
[문제] 다음 주어진 뜻을 가진 단어를 글에서 찾아 쓰시오.

| Summary |

| 실크 | 누에들 | 끓인다 | 누에고치들 |

실크는 옷과 장신구들로 인기가 있다. 아시아 국가들의 실크 농장주들은 누에들을 키운다. 그것들은 몇 가지 먹이들만 먹기 때문에 그것들을 먹이는 것은 힘든 일이다. 누에들이 고치를 만들고 나면 농부들은 그 고치들을 끓인다. 그런 다음 그들은 그 고치들로부터 생사를 얻을 수 있다. 옷을 만들기에 충분한 실크를 얻으려면 농부들은 많은 누에고치들이 필요하다.

구문 해설

05행 Yet many don't know **where silk *comes from***.
- where ~ from은 know의 목적어로 쓰인 명사절이다. 간접의문문으로 〈의문사 + 주어 + 동사〉의 어순임에 주의한다.
- from은 출처를 나타내는 전치사로 come from은 '~에서 나오다'의 의미이다.

13행 **It** is hard work **to *make sure* (*that*) the silkworms get enough food to eat**.
- It은 가주어이고 to ~ eat이 진주어이다.
- 〈make sure + to-v/that절〉은 '반드시 ~하다'의 의미이다. 여기서는 접속사 that이 생략되었다.

14행 If the farmer **leaves the cocoon alone**, a butterfly *will* come out *in* three days.
- 〈leave + 목적어 + alone〉은 '~을 (혼자, 그냥) 내버려두다'의 의미이다.
- in이 미래 시제와 함께 쓰이면 시간의 경과를 나타내어 '~후에'의 의미로 쓰인다.

17행 **It takes many cocoons to get** *enough* silk *to make* a single blouse.
- 〈it takes + 시간/돈/노력 등 + to-v〉는 '~하는 데 …이 들다'의 뜻이다.
- 〈enough + 명사 + to-v〉는 '~하기에 충분한 …'의 의미이다. 해석하면 '한 장의 블라우스를 만들기에 충분한 실크'의 의미이다.

03 The Spy Who Wrote Me

p.016

| 정답 | **1** ③ | **2** ⑤ | **3** the lives of spies interested him very much | **4** fictional |

지문 해석 "Ian, 전쟁이 잘되고 있지 않아. 우리는 독일군을 이겨야만 해. 좋은 아이디어를 좀 생각해보게."라고 Godfrey 제독이 말했다. 2차 세계 대전이 한창인 때였다. Ian은 영국 해군 소속이었고 스파이로 일하고 있었다. 그는 독일군과 싸울 여러 아이디어들을 생각해냈다. 영국군은 그것들 중 일부를 맘에 들어 했다. Ian은 독일군이 통신에 사용하는 비밀 암호를 훔칠 계획을 생각해냈다. 해군은 그것을 전혀 사용하지 않았다. 하지만 다른 쪽이 그의 것과 비슷한 계획을 사용해서 성공했다.

전쟁이 끝난 후 Ian은 스파이 일을 그만뒀다. 하지만 스파이들의 생활은 그에게 매우 흥미로웠다. 그래서 그는 그것에 대한 글을 쓰기 시작했다. 1952년 그는 자신의 첫 소설을 출간했다. 제목은 〈카지노 로얄〉이었다. 그것은 한 영국인 스파이의 모험에 관한 내용이었다. 그 스파이의 이름은 James Bond였고 그의 코드명은 007이었다. Ian Fleming은 James Bond에 관한 13권의 책을 더 썼다. 그의 작품은 수백만 부가 팔렸고 James Bond가 세계에서 가장 유명한 소설 속 스파이가 되도록 도왔다.

문제 해설 **1** James Bond 시리즈의 저자 Ian Fleming이 James Bond를 주인공으로 한 소설들을 쓰기까지의 과정을 소개하고 있으므로 ③ 'Ian Fleming은 어떻게 James Bond를 만들었는가'가 가장 알맞다.
① 〈카지노 로얄〉이 인기 있게 된 이유 ② James Bond는 왜 유명인가
④ 영국군은 어떻게 독일군을 물리쳤는가 ⑤ Ian Fleming이 영국 해군에서 일한 시기

2 첫 소설 〈카지노 로얄〉을 쓴 후 13권을 더 썼다고 했으므로 총 14권이다. 따라서 ⑤는 일치하지 않는다. (10~13행)

3 8~9행에 전쟁이 끝난 후 Ian이 스파이 소설을 쓰게 된 동기가 소개되어 있다.

Q: Ian Fleming은 왜 스파이에 관한 글을 쓰기 시작했는가?

A: <u>스파이들의 생활이 그에게 매우 흥미로웠기</u> 때문에

4 '책이나 이야기를 위해 만들어진'의 의미를 가진 단어는 fictional(허구의, 소설의)이다. (16행)

구문 해설

04행 Ian came up with a plan **to steal** *the secret codes* [*that* the Germans used for communications].
- to steal은 to부정사의 형용사적 용법으로 앞에 있는 a plan을 수식한다.
- [ ]는 the secret code를 수식하는 목적격 관계대명사절이다. the secret ~ communications는 '독일군이 통신에 사용하는 비밀 암호'라는 뜻이다.

13행 His works sold millions of copies and **helped James Bond become** the world's most famous fictional spy.
- 〈help + 목적어 + (to)동사원형〉은 '~가 …하도록 돕다'의 의미이다.

04 The Golden Retriever Festival

p.018

정답

1 ④　　**2** (1) T　(2) F　　**3** ⑤　　**4** all kinds of games, contests, and shows for the dogs

5 (축제에 200마리 이상의 비슷하게 생긴 개들 때문에) 일부 주인들이 자신들의 개를 찾는데 어려움을 겪는 것

지문 해석　2006년부터 매년 수백 명의 사람들이 스코틀랜드 토미치(Tomich)로 향한다. 그들은 Guisachan House로 가고 있는 것이다. 그곳은 한때 Tweedmouth 경의 집이었다. 오늘날 그 집은 거의 파괴되었고, 몇 개의 벽만이 아직 거기에 남아 있다. 하지만 방문객들은 개의치 않는다. 그들은 Tweedmouth 경을 추모하기 위해 조용히 서있다. 그들의 개들 또한 조용하다.

그들은 개들과 함께 무엇을 하고 있는 걸까? 그 사람들과 개들은 매년 열리는 골든 리트리버 축제를 위해 그곳에 있는 것이다. Tweedmouth 경은 개 사육사였다. 1860년대 후반에 그는 최초의 골든 리트리버를 사육했다. 오늘날 그들은 세계에서 가장 인기 있는 견종에 속한다.

골든 리트리버는 사람들과 매우 잘 어울리고 다정함과 쾌활한 성격으로 알려져 있다. 그들 주인들은 자신들의 개가 다른 개들과 놀거나 어린이들과 시간 보내는 것을 보는 것을 매우 좋아한다. 축제에는 개들을 위한 온갖 종류의 게임, 경기, 쇼들이 있다. 단지 한 가지 문제가 있다. 축제에 200마리 이상의 비슷하게 생긴 개들 때문에 일부 주인들은 자신들의 개를 찾는데 어려움을 겪는다.

문제 해설

1 이 글은 골든 리트리버 견종을 처음 키운 Tweedmouth 경을 추모하기 위해 매년 열리는 골든 리트리버 축제에 관한 글이므로 ④ '개들을 위한 특별한 행사'가 가장 알맞다.

[문제] 무엇에 관한 글인가?
① 개의 한 품종　　　② 유명한 개 사육사
③ 주인과 그들의 개들　　⑤ 스코틀랜드의 오래된 집

2 (1) 골든 리트리버 축제는 폐허가 된 Tweedmouth 경의 집에서 열린다. (2~3행)
(2) 골든 리트리버만을 위한 축제이므로 틀린 진술이다.
(1) 그것은 Tweedmouth 경의 집에서 열린다.
(2) 여러 종의 개들이 매년 그 축제에 간다.

3 골든 리트리버의 성격이 쾌활하다고 언급되어 있을 뿐 Tweedmouth 경의 성격에 관한 언급은 없다. 따라서 ⑤ '그는 쾌활한 성격을 지녔다'는 글을 통해 알 수 없다.

　① Guisachan House에서 살았다.　② 1860년대에 생존했다.

　③ 개들을 좋아했다.　④ 한 종류의 개를 사육했다.

4 12~13행에 축제에 포함된 활동들에 대한 내용이 언급되어 있다.

　Q: 축제에는 어떤 활동들이 있는가?

　A: 개들을 위한 온갖 종류의 게임, 경기, 쇼들이 있다.

5 바로 다음 문장에 one problem의 내용이 설명되어 있다. 골든 리트리버만 참가하는 축제이므로 비슷하게 생긴 개들 때문에 주인들이 자신들의 개를 찾기가 어렵다는 것이 문제점이다.

구문 해설

10행 Golden Retrievers are excellent with people and **are known for** their kindness and cheerful nature.

　• be known for는 '~로 알려져 있다'의 뜻으로 'be famous for'로 대신할 수 있다.

11행 Their owners love to **see their dogs playing** with other dogs or **spending** time with young children.

　• 〈see + 목적어 + 현재분사/동사원형〉은 '~가 …하는 것을 보다'의 의미이다. 이 문장에서는 목적보어로 현재분사 playing과 spending이 쓰여 동작이 진행중임을 강조하고 있다.

15행 **With** more than 200 similar-looking dogs at the festival, some owners *have problems finding* their dogs.

　• 전치사 with는 원인, 이유를 나타내어 '~ 때문에'의 의미로 쓰였다.

　　cf. His lips turned blue **with cold**. (그의 입술은 추위로 파랗게 변했다.)

　• 〈have a problem + -ing〉는 '~하는데 어려움을 겪다', '~하는데 문제가 있다'의 의미이다.

---

focus On Sentences

p.020

Ⓐ　**1** 맹인 안내 돼지들은 맹인 안내견들만큼 인기가 있을지도 모른다.

　2 대부분의 사람들은 실크 제품을 선물로 받고서 들떠 한다.

　3 한 장의 블라우스를 만들기에 충분한 실크를 얻는 데는 많은 고치들이 필요하다.

　4 그들의 주인들은 자신들의 개가 다른 개들과 놀거나 어린이들과 시간 보내는 것을 보는 것을 매우 좋아한다.

Ⓑ　**1** He puts smiles on people's faces.

　2 Yet many don't know where silk comes from.

　3 If the farmer leaves the cocoon alone, a butterfly will come out in three days.

Ⓒ　**1** Ian came up with a plan to steal the secret codes that the Germans used for communications.

　2 Golden Retrievers are known for their kindness and cheerful nature.

　3 Some owners have problems finding their dogs.

Words & Phrases

A

1 거대한	**2** seed	**3** 해안	**4** 붙잡다	**5** climb	**6** 영감을 주다
7 영향	**8** 시도	**9** fail	**10** volunteer	**11** 끊임없이	**12** 놀라운
13 suddenly	**14** 놓다	**15** ~하러 가다	**16** attack	**17** 증가하다	**18** body
19 포함하다	**20** 위험에 처한	**21** scary	**22** pumpkin	**23** inside	**24** 낚싯대
25 주저하다	**26** punch	**27** pull	**28** 사라지다	**29** 언급, 말	**30** ancient
31 ~ 이상	**32** goal	**33** 입력하다	**34** 수집품, 소장품		**35** 전혀
36 ~에 추가되다		**37** ~을 돌보다	**38** ~할 준비를 하다		**39** 공짜로, 무료로
40 B뿐만 아니라 A도					

B

1 pay for **2** bump into **3** set a world record **4** prepare for **5** make it to

05 Giant Pumpkins

정답 **1** ④ **2** ③ **3** ④ **4** seeds, sun **5** Giant pumpkin farmers

지문 해석 호박은 텃밭에서 인기 있는 채소이다. 어떤 사람들은 이 주황색 채소의 씨와 속을 먹는 것을 매우 좋아한다. 그리고 또 다른 사람들은 핼러윈에 그것들로 호박등을 만드는 것을 좋아한다. (아이들은 그 명절에 '과자를 안주면 장난칠 거예요' 놀이를 한다.) 무게가 500킬로그램 이상인 호박으로 호박등 만드는 것을 상상해 보라. 그것은 정말 무서울 것이다.

30년 동안 Howard Dill은 호박을 재배했다. 그는 자신의 호박을 매우 크게 자라도록 재배했다. 1981년에 그는 가장 큰 호박으로 세계 신기록을 세웠다. 그의 호박은 무게가 224킬로그램이었다. 그때부터 점점 더 많은 사람들이 거대한 호박들을 재배하기 시작했다. 그래서 호박의 세계 신기록은 거의 해마다 증가해왔다.

거대한 호박을 재배하는 비결은 무엇일까? 우선 좋은 씨앗들이 필요하다. 그런 다음 햇빛이 많이 필요하다. 거대한 호박을 키우는 농부들은 작물에 영양분과 물을 끊임없이 준다. 그들은 그것들을 매우 잘 돌본다. 그 결과는 놀랍다. 오늘날 세계 기록은 어떨까? 2014년에 스위스의 Beni Meier가 그것을 세웠다. 그의 거대한 호박은 무게가 1,056킬로그램이었다. 지금은 그것이 큰 호박이다.

문제 해설 **1** 1981년에 가장 큰 호박으로 세계 신기록을 세웠으므로 ④가 내용과 일치한다. (7~8행)

2 핼러윈에 호박으로 호박등을 만든다는 내용의 (b)에 이어서 거대한 호박으로 호박등을 만드는 것을 상상해보라는 내용의 (d)가 이어지는 것이 자연스럽다. 핼러윈에 아이들이 하는 놀이를 언급한 (c)는 이 글의 주제인 거대한 호박과는 관계가 없다.

3 오늘날 가장 큰 호박의 세계 신기록은 2014년에 Beni Meier가 세운 1,056킬로그램이다. (16~18행)
[문제] 오늘날 가장 큰 호박의 세계 신기록은 무엇인가?

4 거대한 호박을 키우기 위해서는 우선 좋은 씨앗들과 많은 햇빛이 필요하다고 했다. (13행)
Q: 거대한 호박을 재배하기 위해 사람들은 무엇이 필요한가?
A: 그들은 좋은 씨앗들과 많은 햇빛이 필요하다.

5 문맥상 농부들이 호박을 매우 잘 돌본다는 내용이 되어야 하므로 @는 바로 앞 문장의 주어인 Giant pumpkin farmers를 가리킨다.

- Imagine의 목적어로 making이 이끄는 동명사구가 쓰였다.
- [ ]은 a pumpkin을 수식하는 현재분사구이다.

06 Shark Attack

p.026

정답　　**1** ③　　**2** ③　　**3** ③　　**4** they wanted to go fishing　　**5** shark, brother, life

지문 해석　　2005년 여름 Brian과 Craig Hutto는 미국 플로리다에 있는 해변에 갔다. 그 두 형제는 낚시를 하러 가고 싶었다. 그들은 낚싯대를 가지고 물에 들어갔다. 그들은 해안에서 약 30미터 정도 떨어진 곳까지 걸어갔다. 그런 다음 그들은 낚시를 시작할 준비를 했다.

갑자기 뭔가가 Craig와 부딪쳤다. 그런 다음 그는 물 밑으로 사라졌다. 상어가 그를 붙잡은 것이다. 대부분의 사람들이 이런 상황에서 명확하게 생각하는 것은 어렵다. 그러나 Brian은 주저하지 않았다. 그의 동생이 위험에 처해 있었던 것이다. 그는 동생에게 달려가서 상어를 주먹으로 쳤다. 그는 반복해서 그것을 쳤다. 상어는 놓으려고 하지 않았다. 그것은 Craig를 바다로 끌어당기고 있었다. 하지만 Brian도 역시 끌어당기고 있었다. 그는 동생을 구하고 싶었다.

(B) Brian이 이겼고 그와 Craig는 해변으로 돌아왔다. (A) 슬프게도 Craig는 다리를 잃었다. (C) 하지만 그의 형 덕분에 그는 목숨을 잃지는 않았다. 그의 형은 매우 용감해서 상어를 공격했던 것이다.

문제 해설　　**1** 보통은 상어가 사람을 공격하지만, 이 글은 동생을 상어로부터 구해내기 위해 상어를 공격한 형의 이야기로 ③ '사람이 상어를 공격하다'가 가장 알맞다.
① 상어 낚시
② Craig Hutto의 삶
④ 상어는 왜 공격하는가?
⑤ 두 형제가 바다에 가다

2 상어가 어떤 종류였는지는 언급되지 않았다.
① 상어의 공격은 언제 일어났는가? (1행)
② 상어는 어느 형제를 공격했는가? (5~6행)
③ 어떤 종류의 상어가 형제를 공격했는가? (언급되지 않음)
④ 상어가 공격한 후 다른 형제는 무엇을 했는가? (8행)
⑤ 형제 중 한 명은 어떤 신체 부분을 잃었는가? (12행)

3 상어와의 싸움에 관한 단락 이후에는 Brian이 이겼다는 것으로 내용의 (B)가 오는 것이 자연스럽다. '그의 형 덕분에 그는 목숨을 잃지 않았다'는 내용의 (C)가 But으로 시작되는 것으로 보아, 그 앞에는 좋지 않은 결과, 즉 다리를 잃었다는 내용의 (A)가 나와야 자연스럽다.

4 2행에서 두 사람이 해변에 간 목적이 언급되어 있다.
Q: Brian과 Craig Hutto는 왜 해변에 가는가?
A: 낚시를 하러 가고 싶었기 때문에

5 상어 한 마리가 Craig Hutto를 공격했지만 그의 형 Brian이 그것을 주먹으로 쳤고 그의 목숨을 구했다.

구문 해설　　06행 **It** is difficult **for most people to think clearly in this kind of situation**.
- It은 가주어, for most people은 의미상 주어, to think ~ situation은 진주어이다.

15행 His brother was **so** brave **that** he attacked a shark.
- 〈so ~ that …〉은 '너무 ~해서 …하다'의 의미이다.

07 George Mallory

<table>
<tr><td rowspan="2">정답</td><td>**1** ②   **2** ②   **3** ④   **4** ⓐ mountain climbers   ⓑ mountains</td></tr>
<tr><td>| *Summary* | mountain, failed, partner, climbers</td></tr>
</table>

지문 해석   "왜 당신은 에베레스트 산을 오르고 싶어합니까?"라고 기자가 물었다. "그것이 거기 있기 때문이죠."라고 George Mallory는 대답했다. 그 세 단어는 전 세계 수백 만 명의 사람들에게 영감을 주었다. 슬프게도 George Mallory는 그 말을 한 뒤 곧 죽고 말았다. 그는 자신의 말이 다른 사람들에게 얼마나 많은 영향을 끼쳤는지 알지 못했다.

     George Mallory는 영국 출신이었다. 그는 등산을 매우 좋아했다. 그는 유럽의 다른 산들뿐만 아니라 알프스 산맥의 몽블랑에도 올랐다. (A) 그는 에베레스트 산에 정말 오르고 싶었다. (C) 그는 1921년과 1922년에 시도를 했다. (B) 하지만 두 시도 모두 실패했다. 1924년에는 그 산으로 자신의 세 번째 여정을 준비하기 시작했다.

     Mallory는 자신의 파트너인 Andrew Irvine과 함께 산을 오르기 시작했다. 등반은 힘들었지만 그들은 점점 더 높이 올라갔다. 1924년 6월 9일, 또 다른 등반가가 그들을 산 정상 근처에서 보았다. 그리고 나서 두 사람은 사라졌다.

     1999년에 몇몇 등반가들이 Mallory의 시신을 발견했다. Mallory가 그 산의 정상에 도착했는지는 아무도 모른다. 하지만 전 세계 등반가들은 그의 이야기를 알고 있다. 그래서 그들 역시 산이 거기 있기 때문에 거기에 오른다.

문제 해설   **1**   영국의 등반가 George Mallory의 생애와 그의 도전하는 모습이 사람들에게 영감을 주었다는 내용이다. 그가 남긴 유명한 말 ② '그것이 거기 있기 때문에'가 가장 알맞다.

     [문제] 이 글의 제목으로 가장 적절한 것은?

     ① 에베레스트 산

     ③ 등산을 하러 가자

     ④ 유럽의 산들

     ⑤ 산을 등반하는 방법

   2   에베레스트 산 등반에 대한 그의 염원을 담은 내용이 나오고(A), 두 차례 도전을 했으나(C) 두 시도 모두 실패했다는 내용(B)으로 이어지는 것이 자연스럽다.

   3   George Mallory가 에베레스트 산 정상에 올랐는지는 아무도 모른다고 했다. (15~16행)

   4   문맥상 ⓐ는 바로 앞 문장의 mountain climbers를, ⓑ는 바로 앞에 나오는 mountains를 가리킨다.

| *Summary* |

등반가들	실패했다	산악	파트너

George Mallory는 영국 출신의 <u>산악</u> 등반가였다. 그는 에베레스트 산 등반을 두 차례 시도했지만 <u>실패했다</u>. 그는 1924년 다시 도전했다. 그와 그의 <u>파트너</u>는 실종되기 전에 정상 근처에서 목격되었다. 여러 해가 지난 후 몇몇 <u>등반가들</u>이 Mallory의 시신을 발견했다. 그가 에베레스트 정상에 도달했는지는 아무도 모른다.

구문 해설   **03행**   Sadly, George Mallory died soon **after saying** them.

     • after가 전치사로 쓰일 때 전치사의 목적어로 명사나 동명사가 온다.

   04행   He never knew **how much influence his comment had on others**.

     • how ~ others는 동사 knew의 목적어로 쓰인 명사절이다. 간접의문문으로 〈의문사 + 주어 + 동사〉의 어순임에 주의한다.

ANSWER KEYS   9

He climbed Mont Blanc in the Alps **as well as** other mountains in Europe.
- 〈A as well as B〉는 'B뿐만 아니라 A도'의 의미로 초점은 A에 있다. 〈not only A but also B〉는 'A뿐만 아니라 B도'의 의미로 초점이 B에 있다.

15행 Nobody knows **if Mallory ever** *made it to* **the top of the mountain**.
- if ~ mountain은 knows의 목적어로 쓰인 명사절이다. if가 명사절 접속사로 쓰이면 '~인지'의 의미이다.
- 〈make it to + 장소〉는 '~에 이르다, 도착하다'의 의미이다.

08 A Very Special Library

p.030

정답	**1** ③	**2** ⑤	**3** ①	**4** ancient	**5** online, buildings

지문 해석

역사상 가장 위대한 작품들을 보유하고 있는 도서관을 상상해 보라. 그곳은 고대 그리스 로마 시대의 책들을 포함하고 있다. 그곳은 르네상스 시대의 작품들을 소장하고 있다. 그곳은 셰익스피어, 밀턴, 그리고 다른 위대한 작가들의 작품들도 갖고 있다. 이 도서관에는 5만 권 이상의 책들이 있다.

당신은 이 도서관이 큰 건물을 필요로 한다고 생각할지 모른다. 하지만 그것은 실제로 어떤 건물도 전혀 필요로 하지 않는다. 그것은 구텐베르크 프로젝트라고 불리는 온라인 도서관이다. 1971년 Michael Hart는 위대한 작품들을 컴퓨터에 입력하는 것을 시작하기로 결심했다. 그가 했던 최초의 작품은 미국 독립 선언서였다. 그의 목표는 2000년까지 1만 개의 작품들을 디지털화하는 것이었다. 그는 사람들이 이 작품들의 값을 지불하지 않기를 원했다. 그는 사람들이 그것들을 무료로 읽기를 원했다.

사람들은 자원해서 그를 돕기 시작했다. 처음에 그들은 책에 있는 모든 단어들을 컴퓨터에 입력했다. 나중에는 스캐너가 그들이 더 빨리 일하게 해주었다. 구텐베르크 프로젝트는 매년 더욱 커지고 있다. 매주 50권 이상의 새로운 전자책들이 그것의 소장서에 추가된다.

문제 해설

1 이 글은 구텐베르크 프로젝트가 무엇이며 그것이 처음 시작된 계기에 대해 알려주는 글이다. 따라서 이 글의 목적은 ③ '정보를 주기 위해'가 가장 알맞다.

[문제] 이 글은 목적은?
① 경고하기 위해
② 충고하기 위해
④ 즐겁게 하기 위해
⑤ 사과하기 위해

2 사람들이 자원하여 프로젝트를 도왔다는 언급은 있지만 그것을 도운 자원봉사자들의 수는 언급되지 않았다.
① 그것은 무엇인가? (6~7행)
② 누가 그것을 시작했는가? (7~8행)
③ 그것은 언제 시작되었는가? (7~8행)
④ 그것의 첫 작품은 무엇이었는가? (8~9행)
⑤ 얼마나 많은 자원봉사자들이 그것을 도왔는가? (언급되지 않음)

3 구텐베르크 프로젝트 작업 과정을 설명하고 있다. Later로 시작되는 다음 문장을 통해 시간 순서대로 문장이 전개되고 있음을 알 수 있으며, 빈칸에는 ① '처음에'가 들어가야 흐름상 자연스럽다.
② 대신 ③ 그러나 ④ 물론 ⑤ 그 결과

4 '역사상 오래 전 시기에 속하는'의 의미를 가진 단어는 ancient(고대의)이다. (2행)

5 구텐베르크 프로젝트는 건물들이 없는 온라인 도서관이다.

08행 **The first work** [(**that**) he did] *was* the United States Declaration of Independence.

· [ ]는 The first work를 수식하는 관계대명사절로, 목적격 관계대명사 that이 생략되었다.

· 이 문장에서 주어는 The first ~ did이며 was가 동사이다.

08행 His goal was **to put** 10,000 works in digital form by the year 2000.

· to put은 주격보어로 쓰인 명사적 용법의 to부정사이다.

10행 He **wanted people not to pay** for these works.

· 〈want + 목적어 + not to-v〉는 '~가 …하지 않기를 원하다'의 의미이다. to부정사의 부정형은 to부정사 앞에 not 또는 never를 붙인다.

13행 Later, scanners **let them work** more quickly.

· 〈let + 목적어 + 동사원형〉은 '~가 …하게 (허락)하다'의 의미이다. let은 사역동사로 목적보어 자리에 동사원형이 온다. *cf.* let them to work/working (X)

focus On Sentences

p.032

(A) 1 무게가 500킬로그램 이상인 호박으로 호박등을 만드는 것을 상상해보라.

2 Mallory가 그 산의 정상에 도착했는지는 아무도 모른다.

3 그의 목표는 2000년까지 1만 개의 작품들을 디지털화하는 것이었다.

4 나중에는 스캐너가 그들이 더 빨리 일하게 해주었다.

(B) 1 What's the secret to growing giant pumpkins?

2 It is difficult for most people to think clearly in this kind of situation.

3 He wanted people not to pay for these works.

(C) 1 In 1981, he set the world record for the largest pumpkin.

2 The two brothers wanted to go fishing.

3 He climbed Mont Blanc in the Alps as well as other mountains in Europe.

UNIT 03

Words & Phrases

A
1 몹시 추운	**2** underground	**3** 핵의	**4** 황금빛의	**5** treasure
6 coast	**7** 작가, 저자 **8** title	**9** 화석	**10** 밑바닥	**11** 뜨다, 떠다니다
12 step	**13** 완전히 **14** founder	**15** planet	**16** 온도	**17** 향수
18 drop	**19** 이르다, 닿다 **20** 대기	**21** 포함하다	**22** carefully	**23** jewelry
24 net	**25** 수확하다, 거둬들이다	**26** 방공호	**27** 굳다	**28** 의학; 약
29 소중한; 사랑 받는	**30** entrance	**31** 강철	**32** well	**33** 장비
34 ~까지	**35** publishing company	**36** 태양계	**37** 당연히	**38** 가두다
39 heat	**40** 회전하다, 자전하다			

B　**1** disagree with　**2** make a bet　**3** both, and　**4** in case　**5** protect, from

---

09 Amber

> **정답**　**1** ①　**2** (1) F (2) T　**3** ②　**4** jewelry, perfume, medicine　**5** freezing, Russia, amber

지문 해석　2015년 1월의 어느 이른 아침 러시아의 날씨는 몹시 추웠다. 하지만 많은 사람들이 물속에 있었다. 다른 사람들은 해변에서 모래를 유심히 보고 있었다. 각각의 사람들은 같은 것을 찾고 있었다. 그것은 황금빛의 보물이었다.

　하지만 그들은 금을 찾고 있는 것이 아니었다. 그들은 호박을 찾으려고 하고 있었다. 호박은 일종의 화석이다. 그것은 나무 송진이 시간이 지나면서 굳어질 때 만들어진다. 사람들은 그것을 보석으로 사용한다. (모든 보석 가게가 그것을 팔지는 않는다.) 그들은 또한 그것으로 향수와 의약품을 만든다. 호박은 전 세계에 있다. 하지만 그것의 90퍼센트 이상이 러시아 앞바다에서 발견된다.

　그 지역에 폭풍이 몰아치면 바다 밑바닥에 있던 호박은 자유의 몸이 된다. 그러면 그것은 육지로 떠오른다. 그것이 바로 사람들이 해안으로 달려간 이유였다. 그들은 호박을 거둬들이고 있었다. 그들 다수는 그물을 갖고 있었고 잠수복을 입고 있었다. 다른 사람들은 이미 해변에 올라온 작은 호박 조각들을 줍기만 했다. 그들 모두는 나중에 호박을 팔 계획이었으므로 돈을 벌었다.

문제 해설　**1** 바다에 떠오른 호박을 주우려는 사람들과 보석, 향수 등으로 쓰이는 호박에 관한 글이므로 ① '바다에서 나온 보물'이 가장 알맞다.
　② 사람들은 호박을 어떻게 사용하는가?
　③ 호박을 발견하기에 가장 좋은 장소들
　④ 금, 호박, 그리고 다른 보석
　⑤ 호박: 금보다 더 귀중한 것

2 (1) 호박은 전 세계에 있지만 90퍼센트 이상이 러시아 앞바다에서 나온다. (8~9행)
　(2) 마지막 문장에 호박을 주운 사람들 모두 그것을 팔 계획이라고 나온다. (15~16행)
　(1) 사람들은 러시아 앞바다에서만 호박을 발견할 수 있다.
　(2) 호박을 거둬들이는 많은 사람들이 그것을 팔고 싶어했다.

3 호박의 용도와 발견되는 장소에 관한 내용이므로 (b)는 흐름과 관련이 없다.

4 호박은 보석으로 사용되고 향수와 의약품에도 쓰인다. (7~8행)

　Q: 사람들은 어떻게 호박을 사용하는가?

　A: 그들은 그것을 <u>보석</u>으로 사용하고 그것으로 <u>향수</u>와 <u>의약품</u>을 만든다.

5 날씨가 몹시 추웠음에도 불구하고 많은 사람들이 호박을 거둬들이기 위해 <u>러시아</u> 해변으로 갔다.

　[문제] 다음 빈칸에 알맞은 단어를 글에서 찾아 쓰시오.

구문 해설 **09행** But **more than 90% of it is found** *off the coast* of Russia.

　• 주어는 more than 90% of it이고 동사는 수동태로 쓰인 is found이다.

　• off the coast of는 '~ 앞바다[연안]'의 의미이다.

12행 **That was why** people ran to the shore.

　• 〈That is why + S + V〉는 '그것이 바로 ~한 이유이다'의 의미이다.

14행 Others just picked **small pieces of amber** [**that** were already on the beach].

　• [ ]는 small pieces of amber를 수식하는 주격 관계대명사절이다.

10 Abo Elementary School

p.038

정답　**1** ⑤　**2** ④　**3** ②　**4** they were worried about nuclear war

| *Summary* | bomb, underground, war, students

지문 해석　1962년 미국 뉴멕시코 주, 아르테시아(Artesia) 시에 Abo 초등학교가 개교했다. 500명 이상의 학생들이 그곳에서 공부했다. 날마다 학생들은 교문을 열고 계단을 걸어 내려갔다. 학교가 완전히 지하에 있었기 때문에 그들은 내려가야만 했다.

1960년대 미국과 소련은 냉전 중이었다. 많은 미국인들은 핵전쟁에 대해 걱정했다. 그래서 그들은 방공호들을 지었다. Abo 초등학교는 학교와 방공호 둘 다였다. 그곳에는 세 개의 입구가 있었다. 각각에는 거대한 강철 문이 있었다. 그 문들은 핵폭탄으로부터 모두를 보호할 정도로 충분히 튼튼했다. 그 학교에는 많은 교실들이 있었다. 다른 방들은 식량을 보관했다. 식수를 위한 두 개의 우물과 발전기가 한 대 있었다. 전쟁이 있을 경우에 대비해서 사람들을 도울 많은 장비들이 있었다.

1995년 문을 닫을 때까지 수천 명의 학생들이 Abo 초등학교에서 공부했다. 그들 대부분은 자신들의 지하 학교를 좋아했다. 그리고 그들 중 그곳이 또한 방공호였다는 것을 안 사람은 거의 없었다.

문제해설　**1** 냉전 시대에 방공호이면서 학교로 지어진 한 지하 초등학교에 관한 내용으로 ⑤ '냉전 시대의 지하 학교'가 가장 알맞다.

　① 교육의 중요성

　② 냉전이 일어난 이유

　③ 세계의 초등학교들

　④ Abo 초등학교가 폐교한 이유

2 Abo 초등학교는 1962년 미국 뉴멕시코 주에 세워진 학교로서, 냉전 중 핵전쟁을 우려해 방공호로 사용할 용도로 지어진 학교였다. ④ '학급 수'는 언급되지 않았다.

3 주어진 문장은 각각의 입구에 대한 설명이 나오는 내용 앞인 ②에 와야 흐름상 자연스럽다.

4 냉전 중 핵전쟁을 우려해 지어졌다고 했다. (6~7행)

　Q: 미국인들은 왜 냉전 중 방공호를 지었는가?

　A: <u>핵전쟁에 대해 걱정했기</u> 때문에

학생들   지하에   폭탄   전쟁

Abo 초등학교는 미국 뉴멕시코 주 아르테시아 시에 있었다. 그것은 냉전 시대에 개교했다. 그래서 그것은 학교이자 폭탄 대피소(방공호)였다. 그 학교는 완전히 지하에 있었다. 그곳은 전쟁이 있을 경우에 대비해서 식량과 장비를 갖추고 있었다. 대부분의 학생들은 그곳이 방공호인지 전혀 몰랐다.

구문 해설

09행 The doors were strong **enough to *protect*** everyone *from* a nuclear bomb.
- 〈enough + to-v〉는 '~할 정도로 충분히 …한'의 의미이다.
- 〈protect A from B〉는 'A를 B로부터 보호하다'의 의미이다.

11행 There was a lot of equipment **to help** people *in case* there was a war.
- to help는 equipment를 수식하는 형용사적 용법의 to부정사이다.
- 〈in case + S + V〉는 '~할 경우에 대비해서'의 의미이다.

16행 And **few** of them ever knew [(*that*) it was also a bomb shelter].
- few는 대명사로 쓰였으며 '소수, 극소수'란 뜻의 부정적 의미를 갖는다.
- [ ]는 know의 목적어로 쓰인 명사절이다. 명사절 접속사 that이 생략되었다.

11 Dr. Seuss

p.040

정답   **1** ②   **2** ④   **3** ④   **4** mind, *Green Eggs and Ham*

지문 해석 Theodor Geisel(시어도어 가이젤)은 세계에서 가장 유명한 저자들 중 한 명이다. 그렇지만 그를 실명으로 아는 사람들은 거의 없다. 그들은 그를 다른 이름, Dr. Seuss(닥터수스)로 알고 있다. 일생 동안 Dr. Seuss는 사랑 받는 동화책들을 많이 썼다. 그 작품들에는 〈모자 쓴 고양이〉, 〈그린치는 어떻게 크리스마스를 훔쳤나〉, 〈호튼〉이 포함되어 있다.

    1960년 어느 날, Dr. Seuss는 Bennett Cerf와 이야기를 하고 있었다. Cerf는 출판사의 설립자들 중 한 명이었다. Cerf는 Dr. Seuss가 50개의 다른 단어들만으로 책 한 권을 쓸 수 없을 거라고 생각했다. Dr. Seuss는 그에게 동의하지 않았다. 그들은 50달러 내기를 했고, 그 후 Dr. Seuss는 일을 시작했다.

    얼마 후 그는 책을 끝마쳤다. 그것에는 정확히 50개의 다른 단어들이 있었다. 그 책의 제목은 〈초록 달걀과 햄〉이었다. Dr. Seuss는 내기에 이겼지만 Cerf는 그에게 돈을 주지 않았다. 하지만 Dr. Seuss는 개의치 않았다. 〈초록 달걀과 햄〉은 그의 가장 인기 있는 책이 되었고 수백 만 부가 팔렸다.

문제 해설 **1** Dr. Seuss가 그의 책 〈초록 달걀과 햄〉을 쓰게 된 일화를 담고 있다. 50개의 다른 단어들만으로 책을 쓸 수 없을 거라는 Bennett Cerf의 말에 두 사람이 내기를 걸어 책을 쓰게 되었으므로 ② '당신은 틀림없이 그것을 할 수 없을 거야'가 가장 적절하다.
① Dr. Seuss의 생애   ③ Dr. Seuss의 인기
④ 동화책을 쓰자   ⑤ 기억해야 할 50개의 다른 단어들

2 〈초록 달걀과 햄〉의 구체적인 내용은 언급되어 있지 않다.
① Dr. Seuss가 쓴 책들은 무엇이 있는가? (4~5행)
② Bennett Cerf는 누구였는가? (6~7행)
③ Dr. Seuss의 가장 인기 있는 책은 무엇이었는가? (13~16행)
④ 〈초록 달걀과 햄〉은 무엇에 관한 내용이었는가? (언급되지 않음)
⑤ Dr. Seuss와 Bennett Cerf는 얼마의 돈을 내기에 걸었는가? (9행)

3 두 사람의 내기는 'Dr. Seuss가 50개의 다른 단어들만으로 책 한 권을 쓰는 것'이었고, Dr. Seuss가 이긴 것으로 보아 빈칸에는 ④ '정확히 50개의 다른 단어들'이 들어가야 한다.

① 50개의 비슷한 단어들

② 50개 이상의 단어들

③ 50개 이하의 단어들

⑤ 약 50개의 다른 단어들

4 Cerf는 Dr. Seuss에게 50달러를 주지 않았지만 Dr. Seuss는 <u>개의치</u> 않았다. 그의 책 〈초록 달걀과 햄〉은 그의 베스트셀러가 되었다.

구문 해설   **01행**   **Few** people know him by his real name though.

- few는 셀 수 있는 명사를 수식하는 수량 형용사로 '거의 없는'이란 뜻의 부정적 의미를 갖는다.

09행   Dr. Seuss **got to work**.

- get to work는 '일에 착수하다', '일을 시작하다'의 의미이다.

12 Mercury: The Cold Planet

p.042

| 정답 | **1** ③ | **2** ④ | **3** ⑤ | **4** It[The planet] can't trap any heat. **5** temperature |

지문 해석   수성은 태양계의 여덟 개 행성들 중에서 가장 작은 행성이다. 그것은 또한 태양에 가장 가까운 행성이다. 당연히 그 행성의 표면은 매우 뜨겁다. 낮 동안 수성의 온도는 섭씨 430도에 이를 수 있다. 그것은 너무 뜨거워서 어떤 것도 살 수 없다.

밤에는 수성이 뜨겁지 않다. 사실, 행성의 어두운 쪽은 매우 차가워진다. 그곳의 온도는 영하 180도까지 떨어질 수 있다. 왜 그곳이 그렇게 차가워지는지 알고 싶은가?

몇 가지 이유가 있다. 우선, 수성은 매우 천천히 자전한다. 지구는 24시간 안에 완전히 회전한다. 하지만 수성은 59 지구일 안에 같은 일을 한다. 그래서 행성의 반은 아주 오랜 시간 동안 어둡다. 수성은 또한 대기도 없다. 대기가 없으면 행성은 어떤 열도 가둘 수 없다. 그래서 태양으로부터 온 열은 우주로 간다. 그런 이유들이 수성의 어두운 면을 지구의 어떤 장소보다 훨씬 더 차갑게 만든다.

문제 해설   **1** 태양에 가장 가까운 수성의 온도가 왜 그렇게 낮은지에 대해 설명하고 있다. 따라서 이 글의 주제는 ③ '수성은 왜 차가운가'가 가장 알맞다.

① 수성은 어디에 있는가

② 수성의 크기

④ 수성의 자전

⑤ 태양계의 행성들

2 지구는 24시간에 한번 자전하지만 수성은 59일에 한번 자전한다고 했다. (9~10행)

3 수성에는 대기가 없어서 태양열을 가둘 수 없다고 했으므로 ⑤는 일치하지 않는 내용이다. (11~12행)

4 Q: 행성에 대기가 없다면 무슨 일이 일어나는가?

A: <u>그것은 어떤 열도 가둘 수 없다.</u>

5 '무언가가 얼마나 뜨겁거나 차가운지에 대한 정도'의 의미를 가진 단어는 temperature(온도)이다. (3행, 6행)

[문제] 다음 주어진 뜻을 가진 단어를 글에서 찾아 쓰시오.

구문 해설

01행 Mercury is **the smallest** of the eight planets in the solar system.
- 최상급 형용사 the smallest 다음에는 planet이 생략되어 있다.

04행 That's **too hot for anything to live**.
- 〈too ~ to …〉는 '너무 ~해서 …한'의 의미이며, 〈for + 명사〉는 to부정사의 의미상의 주어이다. 해석하면 '너무 뜨거워서 어떤 것도 살 수 없는'이 된다.

13행 Those reasons **make the dark side of Mercury** *much* **colder** than any place on the Earth.
- 〈make + 목적어 + 형용사〉은 '~을 …하게 만들다'의 의미이다.
- much는 비교급을 강조하는 부사로 '훨씬'의 의미이다.

focus On Sentences

p.044

Ⓐ 1 그것이 바로 사람들이 해안으로 달려가는 이유였다.
2 전쟁이 있을 경우에 대비해서 사람들을 도울 많은 장비들이 있었다.
3 그를 실명으로 아는 사람들은 거의 없다.
4 그것은 너무 뜨거워서 어떤 것도 살 수 없다.

Ⓑ 1 The doors were strong enough to protect everyone from a nuclear bomb.
2 Theodor Geisel is one of the most famous authors in the world.
3 Would you like to know why it gets so cold there?

Ⓒ 1 Abo Elementary School was both a school and bomb shelter.
2 Dr. Seuss disagreed with him.
3 They made a bet for $50, and then Dr. Seuss got to work.

Words & Phrases

p.047

A

1 신비한	**2** donate	**3** 산길, 오솔길	**4** 쾌적한, 즐거운	**5** hiker
6 order	**7** 간청하다	**8** 깨닫다	**9** 주장하다 **10** 상인	**11** 덮다; 걸쳐 있다
12 succeed	**13** quiet	**14** 포로로 잡다 **15** 드문	**16** pretty	**17** 자선 단체
18 원인; 대의, 목적		**19** eastern	**20** southern **21** chief	**22** 전사
23 peace	**24** 국가; 주	**25** 귀부인	**26** 전문가 **27** expect	**28** 사슴
29 local	**30** 부족	**31** club	**32** free **33** marry	**34** 길
35 이익을 얻다 **36** regret		**37** 금가루	**38** 금박	**39** ~을 요청하다
40 지나가다, 통과하다				

B **1** give birth to **2** walk along **3** in trouble **4** add, to **5** feel like going

---

13 Who Was Mona Lisa?

p.048

정답	**1** ④	**2** ③	**3** ③	**4** Leonardo da Vinci

지문 해석 　모나리자는 세계에서 가장 유명한 그림들 중 하나이다. 그것은 또한 세계에서 가장 신비한 그림들 중 하나이다. 그것에 관한 많은 의문점들이 있다. 예를 들어 Leonardo da Vinci는 그것을 언제 그리기 시작해서 언제 완성했는가? 누가 그에게 그것을 그려달라고 부탁했는가? 그리고 가장 중요하게는 독특한 미소를 짓고 있는 그 여인은 누구인가?

　어떤 사람들은 모나리자가 Leonardo의 어머니 Caterina였다고 믿는다. 또 다른 사람들은 그녀가 이탈리아 출신 부유한 여성이거나 스페인의 귀부인이었다고 말한다. 심지어 어떤 사람들은 모나리자가 Leonardo의 조수였거나 위대한 화가 자신이었다고 주장한다. 하지만 오늘날 많은 사람들은 그녀가 Lisa Gherardini였다고 믿고 있다. 이 여성은 누구였을까? 그녀는 부유한 비단 상인의 아내였다. 그녀는 살면서 다섯 명의 아이들을 낳았다. 그녀는 또한 플로렌스 출신이었다. 그곳은 Leonardo가 살고 일했던 곳이었다. 많은 전문가들은 그녀의 남편이 자신의 아내를 위한 선물로 그 그림을 요청했다고 생각한다. 하지만 아무도 확신할 수는 없다. 그리고 그것은 모나리자를 훨씬 더 신비하게 만든다.

문제 해설 **1** 빈칸 뒤에는 앞 문장에서 언급된 many questions의 구체적인 예들이 제시되고 있으므로 ④ '예를 들면'이 가장 알맞다.

　① 그러나　　　② 그러므로　　　③ 그 결과　　　⑤ 다시 말해서

2 모나리자와 관련한 여러 가지 추측이 있지만 그녀가 정확히 누구인지는 아무도 모른다고 했다. (17행)

　① Leonardo는 그것을 여러 해 동안 그렸다.

　② 그림 속에는 두 사람이 있다.

　③ 아무도 모나리자가 누군지 모른다.

　④ 그것은 스페인의 귀부인에게 주는 선물이었다.

　⑤ Leonardo의 어머니가 그에게 그것을 그려달라고 부탁했다.

3 그녀는 부유한 비단 상인의 아내로 플로렌스 출신이라고 언급되어 있으므로 ③ '상인의 아내'가 알맞다. (14행)

[문제] 글에 따르면, Lisa Gherardini는 누구였는가?

① Leonardo의 어머니

② Leonardo의 조수

④ 스페인의 귀부인

⑤ 프랑스 출신의 부유한 여성

4 '위대한 화가 자신'은 모나리자를 그린 사람, 즉 Leonardo da Vinci를 가리킨다.

구문 해설

07행 Who **asked him to paint** it?
- 〈ask + 목적어 + to-v〉는 '~에게 …해달라고 부탁하다'의 의미이다

12행 Some even claim [(**that**) Mona Lisa was Leonardo's assistant or the great artist *himself*].
- [ ]는 claim의 목적어로 쓰인 명사절이다. 명사절 접속사 that이 생략되었다.
- 재귀대명사 himself은 '그 자신'이란 뜻으로 the great artist를 강조하기 위해 사용되었다.

15행 That was (**the place**) [**where** Leonardo lived and worked].
- 관계부사절 where이 이끄는 형용사절 앞에 the place가 생략되었다.

18행 And that **makes the *Mona Lisa* even more mysterious**.
- 〈make + 목적어 + 형용사〉는 '~을 …하게 만들다'의 의미이다.
- even은 비교급을 강조하는 부사로 '훨씬'의 의미이다.

14 The Appalachian Trail

p.050

정답	**1** ④	**2** (1) T (2) F	**3** ②	**4** fourteen states	**5** Georgia, five or six

지문 해석 애팔래치아 산맥은 북미 동부 지역에 있다. 그것은 앨라배마 주 남부에서 시작해서 북쪽으로 이어진다. 그것은 18개의 미국 주들을 지나 북쪽 캐나다로 이어진다. 이 산맥은 그리 높지 않아서 도보 여행을 하기에 쾌적하다. 매년 수백만 명의 사람들이 세계에서 가장 긴 하이킹 길인 애팔래치아 산길을 따라 걷는다.

애팔래치아 산길은 조지아 주에서 시작되어 메인 주에서 끝난다. 그 길은 3,500킬로미터 이상에 걸쳐 있고 14개 주들을 통과한다. 애팔래치아 산길은 너무 길어서 사람들은 그곳에서 도보 여행을 하면서 여러 달을 보낼 수 있다. 사실 한쪽 끝에서 다른 쪽 끝까지 걷는 데는 5개월 또는 6개월이 걸린다. 매년 많은 사람들이 그렇게 하려고 시도를 하지만 거의 성공하지 못한다. 하지만 대부분의 도보 여행자들은 애팔래치아 산길에서의 시간을 즐긴다. 그 길들의 대부분은 사람들이 거의 없는 곳들에 있다. 그래서 도보 여행자들은 자연의 평화와 고요를 경험할 수 있다. 그들은 또한 사슴, 야생마, 곰 같은 동물들을 볼 수도 있다.

문제 해설

1 세계에서 가장 긴 하이킹 길인 애팔래치아 산길을 소개하는 글이므로 ④ '묘사(설명)하기 위해'가 가장 알맞다.

[문제] 이 글의 목적은 무엇인가?

① 경고하기 위해   ② 초대하기 위해   ③ 충고하기 위해   ⑤ 사과하기 위해

2 (1) 애팔래치아 산맥은 미국 18개 주를 지나 북쪽 캐나다로 이어진다. (2~3행)

(2) 산길 대부분은 사람들이 거의 없는 곳에 있다. (14~15행)

(1) 애팔래치아 산맥은 캐나다와 미국에 있다.

(2) 애팔래치아 산길에 인접한 많은 마을과 도시들이 있다.

3 빈칸 앞에는 애팔래치아 산길을 완주하는 사람이 거의 없다고 했고 빈칸 뒤에는 대부분이 그 시간을 즐긴다고 했으므로 대조의 접속사 ② '하지만'이 가장 알맞다.

① 또는   ③ 왜냐하면   ④ 그러므로   ⑤ 물론

4 애팔래치아 산길은 3,500킬로미터 이상에 걸쳐있고 14개의 주를 통과한다. (8~10행)

　　Q: 애팔래치아 산길은 몇 개의 주들을 통과하는가?

　　A: 그것은 14개 주들을 통과한다.

5 애팔래치아 산길은 조지아 주에서 메인 주에 이르며 한 쪽 끝에서 다른 쪽 끝까지 걷는 데는 5 또는 6개월이 걸린다.

구문 해설

03행　The mountains are not too high, so they are pleasant **to hike** in.

　　• to hike는 to부정사의 부사적 용법으로 형용사 pleasant를 수식한다.

10행　The Appalachian Trail is **so** long **that** people can *spend several months hiking* on it.

　　• 〈so ~ that …〉은 '너무 ~해서 …하다'의 의미이다.

　　• 〈spend + 시간 + -ing〉는 '~하며 시간을 보내다'의 의미이다.

11행　In fact, **it takes five or six months to walk** from one end to the other.

　　• 〈it takes + 시간 + to-v〉는 '~하는 데 …의 시간이 걸리다'의 의미이다.

15 Pocahontas

p.052

정답	**1** ③	**2** (1) T (2) F	**3** ②	**4** free	**5** John Smith, Jamestown

지문 해석　1608년, 영국인 John Smith는 버지니아 주, 제임스타운 근처의 숲 속에 있었다. 제임스타운은 북미에서 처음으로 성공한 영국의 식민지였다. 갑자기 그 지역 북미 원주민 부족의 전사 몇 명이 그를 포로로 잡았다. 그들은 그를 자신들의 지도자인 Powhatan 추장에게 데려갔다. 그는 전사들에게 Smith를 곤봉으로 쳐서 죽이라고 명령했다. 바로 그때 한 어린 소녀가 Smith에게 달려갔다. 그녀는 전사들과 그 사이에 섰다. 그녀는 Powhatan에게 그의 목숨을 살려달라고 간청했다. 그 소녀의 이름은 Pocahontas였고 그녀는 Powhatan의 딸이었다. Powhatan은 Smith를 풀어주기로 결정했고 그는 제임스타운으로 돌아갔다.

　　많은 사람들이 Pocahontas에 대해 이 이야기를 한다. 그것이 실제로 일어난 일일까? 아무도 확실히 모른다. 하지만 그 이야기 속의 모든 사람들은 실제로 있었다. 그리고 Pocahontas는 제임스타운 사람들을 여러 번 도왔다. 그녀는 그곳 사람들에게 식량을 가져다 주었고 그들이 곤경에 처했을 때 그들을 도와주었다. 그녀는 심지어 더 나이가 들었을 때 영국인 John Rolfe와 결혼했다. 그녀는 미국 역사상 가장 유명한 여인들 중 한 명이다.

문제 해설

1 원주민들로부터 영국인을 구해준 소녀 Pocahontas에 관한 내용이므로 ③ 'Pocahontas가 곤경에서 구해내다'가 가장 알맞다.

　　[문제] 글의 제목으로 가장 알맞은 것은?

　　① John Smith의 운수 나쁜 날

　　② Powhatan 추장은 누구인가?

　　④ Pocahontas와 Powhatan 추장

　　⑤ 제임스타운이라는 영국 식민지

2 (1) Pocahontas는 Powhatan 추장의 딸이다. (12행)

　　(2) Pocahontas는 영국인 John Rolfe와 결혼했다. (18행)

3 ⓑ는 Powhatan 추장을 가리키고 나머지는 John Smith를 가리킨다.

4 '어떤 사람을 놓아주다'의 의미를 가진 단어는 free(풀어주다)이다. (13행)

5 Pocahontas는 John Smith의 목숨을 구했고 또한 제임스타운 사람들을 여러 번 도와주었다.

구문 해설

08행 He **ordered the warriors to kill** Smith *by hitting* him with clubs.

• 〈order + 목적어 + to-v〉는 '~에게 …하도록 명령하다'의 의미이다.

• 〈by + -ing〉는 '~함으로써'의 의미이다.

16행 She **brought food to the people** there and helped them when they were in trouble.

• 〈bring A to B〉는 'A를 B에게 가져다 주다'의 의미이며 〈bring B A〉로도 나타낼 수 있다.

18행 She even **married** *an Englishman, John Rolfe,* when she became older.

• marry는 타동사로 '~와 결혼하다'의 의미이다. marry with로 쓰지 않도록 주의한다.

• an Englishman과 John Rolfe는 동격 관계이다.

16 Now That's a Sandwich

p.054

정답	**1** ⑤	**2** ②	**3** ④	**4** donate	**5** He added gold leaf and gold dust to his sandwich.

지문 해석

모든 사람이 샌드위치를 좋아한다. 그리고 모두가 베이컨도 좋아한다. 그러니 누가 베이컨 샌드위치를 좋아하지 않겠는가? 2013년 영국에 있는 Tangberry 카페의 주인 Paul Philips는 새로운 베이컨 샌드위치를 만들기로 결심했다.

우선 Philips는 드문 종류의 블랙베이컨을 사용했다. 그런 다음 그는 그 위에 달걀을 얹었다. 그는 그 샌드위치에 송로, 송로 기름, 그리고 샤프란을 추가했다. 그러나 아직 끝난 게 아니었다. (B) 그는 완벽한 샌드위치를 만들고 싶었다. (C) 그는 그것을 어떻게 해야 할지에 대해 생각했다. (A) 갑자기 그는 그 해답을 깨달았다. 바로 금이었다. 그는 금박과 금가루를 자신의 샌드위치에 추가했다. 그리고 그는 그것을 베이컨 블링 샌드위치라고 불렀다.

Philips는 자신의 샌드위치를 150파운드에 팔았다. 그것은 샌드위치 하나치고는 꽤 비싸다. 하지만 Philips는 그것으로부터 이익을 얻는 것을 기대하지 않았다. 대신 그는 그 샌드위치로부터 번 모든 돈을 아이들을 위한 자선 단체에 기부하기로 계획했다. 그러니 당신이 영국에 있고 좋은 뜻으로 비싼 샌드위치를 먹고 싶다면 Tangberry 카페에 가라. 후회하지 않을 것이다.

문제 해설

1 Paul Philips가 샌드위치로 얼마를 벌었는지는 언급되지 않았다.

① 그는 직업이 무엇인가? (2~3행)

② 그는 어디에 살고 있는가? (2~3행)

③ 그는 언제 그의 새로운 베이컨 샌드위치를 만들었는가? (2~3행)

④ 그의 새로운 샌드위치는 얼마인가? (10행)

⑤ 그는 자신의 새로운 샌드위치로 얼마를 벌었는가? (언급되지 않음)

2 베이컨 블링 샌드위치의 재료로 블랙베이컨, 달걀, 송로, 송로 기름, 샤프란은 언급되었으나 피클은 언급되지 않았다. (4~5행)

3 완벽한 샌드위치를 만들고 싶다는 내용이 먼저 나오고(B), 그 방법에 대해 생각한 후(C), 해답을 찾았다는 내용(A)으로 이어져야 흐름이 자연스럽다.

4 '도움을 제공하기 위해 어떤 사람이나 단체에게 무언가를 주다'의 의미를 가진 단어는 donate(기부하다)이다. (12행)

[문제] 다음 주어진 뜻을 가진 단어를 글에서 찾아 쓰시오.

5 고급 재료로 만든 그의 샌드위치에 완벽함을 더하기 위해 금박과 금가루를 넣었다고 했다. (8행)

    Q: Paul Philips는 완벽한 샌드위치를 만들기 위해 무엇을 했는가?

    A: <u>그는 금박과 금가루를 자신의 샌드위치에 추가했다.</u>

구문 해설

07행 He thought about **how to do** that.

- 〈의문사 + to부정사〉는 문장에서 명사처럼 사용되며 〈의문사 + 주어 + should + 동사원형〉으로도 나타낼 수 있다. (= He thought about **how he should do** that.)

11행 Instead, he **planned to donate** *all the money* [(*which*[*that*]) he made from the sandwich] to a charity for children.

- 〈plan + to-v〉는 '~하기로 계획하다'의 의미이다.
- [ ]는 all the money를 수식하는 관계대명사절로, 목적격 관계대명사 which[that]가 생략되었다.

13행 So if you're in England and **feel like having** an expensive sandwich *for a good cause*, go to Tangberry's café.

- 〈feel like + -ing〉는 '~하고 싶다'의 의미이다.
- for a good cause는 '좋은 뜻(목적)으로'의 의미이다. *cf.* cause: 원인; 대의, 목적

focus On Sentences

p.056

Ⓐ **1** 애팔래치아 산길은 너무 길어서 사람들은 그곳에서 도보 여행을 하면서 여러 달을 보낼 수 있다.

    2 그는 전사들에게 Smith를 곤봉으로 쳐서 죽이라고 명령했다.

    3 그는 그것을 어떻게 해야 할지에 대해 생각했다.

    4 그는 금박과 금가루를 자신의 샌드위치에 추가했다.

Ⓑ **1** That was <u>where Leonardo lived and worked</u>.

    2 It <u>takes five or six months to walk</u> from one end to the other.

    3 He <u>called it the Bacon Bling sandwich</u>.

Ⓒ **1** She <u>gave birth</u> to five children in her life.

    2 She helped them when they were <u>in trouble</u>.

    3 If you <u>feel like</u> having an expensive sandwich for a good cause, go to Tangberry's café.

Words & Phrases

p.059

A

1 용돈	**2** 규칙적인; 보통의	**3** task	**4** babysitter	**5** 성인	
6 이국적인	**7** 보존하다	**8** 세대	**9** 자동으로	**10** dull	**11** 만화 영화
12 장소, 위치	**13** harm	**14** practice	**15** 반복적인	**16** (영화를) 개봉하다	
17 last	**18** yardwork	**19** 사업(체)	**20** space	**21** 향상되다	**22** 산업
23 own	**24** already	**25** conversation		**26** 열대의	**27** 특징
28 desert	**29** deep	**30** reduce	**31** 목적지	**32** enjoyment	**33** 수행하다
34 제조, 생산	**35** 여행사	**36** 주민	**37** volcano	**38** 설화, 전설	**39** 난쟁이
40 장편의					

B

1 take a trip　**2** get paid　**3** stand for　**4** give up　**5** rely on

17 Jobs for Teenagers

p.060

> **정답**　**1** ③　**2** (1) T　(2) F　**3** ②　**4** parents　**5** allowance

지문 해석　"엄마, 돈 좀 주실래요?" "이틀 전에 용돈을 줬잖니. 벌써 다 쓴 거야?"

십대들은 그들 부모님과 이런 대화를 종종 나눈다. 아마도 이런 일은 당신에게 일어난 적이 있을 것이다. 하지만 걱정하지 마라. 당신은 돈 때문에 부모님에게 의지할 필요가 없다. 대신 당신은 스스로 돈을 벌 수 있다. 일자리를 구해보는 것이 어떤가?

일자리는 어른들만을 위한 것은 아니다. 십대들이 할 수 있는 일들이 많이 있다. 미국에서는 가장 인기 있는 일자리들 중 하나가 아기 돌보는 사람이다. 부모들이 자녀들 없이 외출하고 싶을 때 당신은 그들을 대신해서 아이들을 볼 수 있다. 상상해 보라. 당신은 돈을 받고 누군가의 집에 머물 수 있는 것이다. 심지어 숙제를 가져갈 수도 있으니 당신은 공부하는 동안 돈을 벌게 될 것이다.

요즘에 많은 사람들은 자녀가 없다. 다행히도 그들에게는 애완동물들이 있다. 당신은 애완동물 돌보기를 해볼 수도 있다. 잔디를 깎는 것과 정원 일을 하는 것도 십대들을 위한 두 가지 다른 좋은 일들이다. 편의점, 식당, 가족 사업체 또한 좋은 일자리들을 제공해 줄 수 있다. 그러므로 부모님에게 돈을 요청하는 것을 그만두어라. 나가서 스스로 돈을 벌어라.

문제 해설　**1** 십대들이 스스로 돈을 벌 수 있는 방법을 알려주면서 부모님이 주는 용돈에 의존할 것이 아니라 직접 돈을 벌어보라는 조언을 하고 있는 글이다.

[문제] 이 글의 목적은?

① 경고하기 위해　　② 보고하기 위해　　③ 조언하기 위해

④ 비평하기 위해　　⑤ 즐겁게 하기 위해

2 (1) 미국에서 가장 인기 있는 일들 중 하나로 아이 돌보는 사람을 언급했다. (8행)

(2) 십대들이 할 수 있는 일들 중 하나로 애완동물 돌보기를 언급하고 있다. (14행)

(1) 아이 돌보는 사람은 십대들에게 인기 있는 직업이다.

(2) 애완동물 돌보기는 대부분의 십대들에게는 너무 힘들다.

3 아이를 돌봐주는 일자리가 줄어들었지만 애완동물 돌보기 일이 있는 것은 십대들에게 다행스러운 일이므로 ② '다행히도'가 가장 알맞다.

    ① 그러므로   ③ 게다가   ④ 놀랍게도   ⑤ 예를 들면

4 부모들을 대신해서 아이들을 봐줄 수 있다는 내용이므로 ⓐ는 앞 문장에 나온 parents를 가리킨다.

5 '부모들이 자녀들에게 정기적으로 주는 돈'의 의미를 가진 단어는 allowance(용돈)이다. (1행)

구문 해설

06행 **Why don't you** *try getting* a job?

    • 〈why don't you + 동사원형?〉는 '~하는 것이 어떤가?'의 의미로 권유나 제안을 나타낸다.

    • 〈try + -ing〉는 '(시험 삼아) ~해보다'의 의미이다.

07행 There are many **jobs** [(**which**[**that**]) teenagers can do].

    • [ ]는 jobs를 수식하는 관계대명사절로, 목적격 관계대명사 which[that]가 생략되었다.

10행 You can **get paid to stay** at someone's house.

    • 〈get paid + to-v〉는 '돈을 받고 ~하다', '~에 대해 돈을 받다'의 의미이다.

    cf. 〈pay + 목적어 + to-v〉: '~에게 돈을 주고 …시키다'

11행 You can even bring your homework with you, so you'll make money **while** (**you are**) **studying**.

    • 주절의 주어와 같을 때 부사절의 〈주어 + be동사〉는 종종 생략된다.

17행 So **stop asking** your parents for money.

    • 〈stop + -ing〉는 '~하는 것을 멈추다'의 의미이다.

18 Ecotourism

p.062

정답	**1** ③	**2** ③	**3** ②	**4** exotic	**5** preserve, enjoyment

지문 해석

저렴한 제트기 여행 덕분에 요즘 많은 사람들이 전 세계의 이국적인 장소들로 여행을 떠나고 있다. 어떤 사람들은 중남미의 열대 우림을 방문하는 것을 즐긴다. 또 다른 사람들은 아프리카로 사파리 여행을 간다. 그리고 또 어떤 사람들은 태평양의 열대 섬들 근처에 있는 산호초로 다이빙을 하러 간다.

사람들은 세계에서 가장 아름다운 곳들의 일부로 여행을 가고 있다. 하지만 많은 관광객들이 환경을 해치고 있다. 이런 이유로 많은 여행사들은 생태관광에 집중하고 있다. 생태관광의 기본적인 생각은 간단하다. 환경을 해치지 말라는 것이다. 하지만 그것만이 유일한 특징은 아니다. 생태 여행가들이 하려고 하는 것은 자신들이 방문하는 곳들의 지역 주민들을 돕는 것이다. 그들은 또한 자신들이 환경에 미치는 영향을 가능한 많이 줄이려고 한다. 그리고 그들은 자신들의 목적지의 문화에 대해 정말로 배우고 싶어 한다.

생태관광을 실천함으로써 여행자들은 미래 세대를 위해 아름다운 지역들을 보존하는 데 도움을 줄 수 있다. 그렇게 하면, 미래의 수백만 명의 사람들은 사람들이 지금 얻는 것과 같은 즐거움을 이 장소들로부터 얻게 될 것이다.

문제 해설

1 생태관광이 무엇인지 설명하고 그것이 어떤 의의를 갖는지 소개하는 글이므로 ③ '생태관광의 중요성'이 가장 알맞다.

    ① 생태관광을 갈만한 곳들   ② 생태관광의 역사

    ④ 전 세계의 인기 있는 휴양지들   ⑤ 관광객들은 환경을 어떻게 해치는가

2 생태 여행가들은 환경에 미치는 영향을 최소화하기 위해 노력한다고 했으므로 ③ '그들은 자연에 더 많은 영향을 남기고 싶어한다'는 내용과 일치하지 않는다. (12~13행)

    ① 그들은 자연을 존중한다.   ② 그들은 환경을 해치지 않기 위해 노력한다.

    ④ 그들은 지역 주민들을 돕는다.   ⑤ 그들은 그 지역 문화에 관심이 있다.

3 바로 앞문장의 주어도 they이므로 그 앞에 나오는 문장을 살펴보면 ecotourists가 주어임을 알 수 있다. 따라서 ⓐ가 가리키는 것은 ② '생태 여행가들'이다.

3 바로 앞문장의 주어도 they이므로 그 앞에 나오는 문장을 살펴보면 ecotourists가 주어임을 알 수 있다. 따라서 ⓐ가 가리키는 것은 ② '생태 여행가들'이다.

① 많은 여행사들   ③ 지역 주민들

④ 그들이 방문하는 장소들   ⑤ 환경에 미치는 영향들

4 '외국의 것이면서 흥미로운'의 의미를 가진 단어는 exotic(이국적인)이다. (2행)

5 생태 여행가들은 아름다운 지역들을 <u>보존하는</u> 것을 도울 수 있으므로 미래의 사람들도 역시 그 지역들로부터 즐 <u>거움</u>을 얻게 될 것이다.

구문 해설

02행 Some **enjoy visiting** the rainforests of Central and South America.
- 〈enjoy + -ing〉는 '~하는 것을 즐기다'의 의미이다.

10행 **What** ecotourists try to do is *to help* the local residents of the places [(which[that]) they visit].
- 선행사를 포함하는 관계대명사 what은 '~하는 것'으로 해석된다.
- to help는 주격보어로 쓰인 명사적 용법의 to부정사로 '돕는 것'으로 해석된다.
- [ ]는 the places를 수식하는 관계대명사절로, 목적격 관계대명사 which[that]가 생략되었다.

16행 That way, millions of people in the future will get **the same** enjoyment from these places **as** people *do* now.
- 〈the same ~ as …〉는 '…와 같은 ~'의 의미이다.
  - *cf.* I have **the same** trouble **as** you have. (나는 네가 가진 것과 같은 골칫거리를 갖고 있다.)
- do는 대동사로 앞에 나온 동사 get을 대신하여 쓰였다.

19 Robot Workers

p.064

정답
1 ②   **2** ③   **3** ⑤   **4** dirty, dangerous, and dull
| *Summary* | humans, manufacturing, dangerous, space

지문 해석 대부분의 사람들은 로봇이 인간처럼 생겼다고 믿는다. 하지만 그것은 사실이 아니다. 로봇은 자동으로 일할 수 있는 기계이다. 어떤 로봇은 인간처럼 생겼지만 대부분은 그렇지 않다. 매년 로봇 기술이 향상되면서 로봇은 우리 생활에서 더욱 중요해지고 있다.

오늘날 대부분의 로봇들은 3D 산업에서 일한다. 세 개의 D는 '지저분하고(dirty), 위험하고(dangerous), 따분한(dull)' 것을 의미한다. 로봇 노동자들은 대부분의 인간들이 하고 싶지 않은 일들을 수행한다. 예를 들어 자동차 제조 공장들에는 많은 로봇들이 있다. 그들은 어렵고도 지루한 반복적인 일들을 한다. 로봇들은 또한 지치거나 점심 시간을 필요로 하지도 않는다. 그러므로 그들은 인간이 할 수 있는 것보다 훨씬 더 오래 일할 수 있다.

(C) 요즘에 사람들은 인간이 도달할 수 없는 장소에 가기 위해 로봇들을 사용하고 있다. (B) 어떤 로봇들은 화산 속으로 내려간다. (A) 또 어떤 로봇들은 뜨거운 사막에 가거나 바다 아래 깊은 곳에 간다. 미래에는 많은 로봇들이 행성들과 별들을 방문하기 위해 우주를 여행할 것이다.

문제 해설

1 인간이 하기 힘든 3D 산업에서 주로 사용되는 로봇의 특징과 미래의 로봇이 하게 될 일에 대해 소개하고 있으므로 ② '로봇이 하는 일'이 가장 알맞다.

① 3D 산업   ③ 로봇은 어떻게 만들어지는가

④ 로봇이 하는 인간의 직업들   ⑤ 인간처럼 생긴 로봇들

2 앞 문장에서 로봇은 지치거나 점심 시간이 필요하지 않다고 했으므로 그 결과 ③ '훨씬 더 오래 일한다'가 가장 알맞다.

① 훨씬 더 빠르게 생각하다   ② 훨씬 더 잘 배운다

④ 문제를 더 빨리 해결한다   ⑤ 더 쉽게 의사소통을 한다

3 로봇이 하는 일에 대한 개략적인 설명을 담고 있는 (C)가 가장 먼저 나오고, 구체적인 예시에 해당하는 (A)와 (B)는 Some robots 뒤에 Others가 와야 하므로 (C)-(B)-(A)의 순서가 자연스럽다.

4 5~6행에 3D 산업에 대한 설명이 언급되어 있다.
Q: 세 개의 D는 무엇을 의미하는가?
A: 그것은 지저분하고, 위험하고, 따분한 것을 의미한다.

| *Summary* |

위험한   인간들   제조   우주

로봇들이 항상 인간들처럼 생긴 것은 아니다. 하지만 그들은 인간이 하는 것처럼 일한다. 많은 로봇들은 3D 산업에서 일을 한다. 그것들은 자동차 제조 공장과 다른 비슷한 곳들에서 일한다. 어떤 로봇은 화산이나 사막 같은 위험한 장소로 간다. 미래에는 로봇이 우주로 여행을 갈 것이다.

구문 해설

02행 Some robots **look like** humans, but most of them *don't*.
- 〈look like + 명사〉는 '~처럼 보이다[생기다]'의 의미이다.
- don't 뒤에는 look like humans가 생략되었다.

08행 They do repetitive **tasks** [that are *both* difficult *and* boring].
- [ ]는 tasks를 수식하는 주격 관계대명사절이다.
- both A and B는 'A와 B 모두'의 의미이다.

12행 Nowadays, people are using robots to go to **places** [that humans cannot reach].
- [ ]는 places를 수식하는 목적격 관계대명사절이다.

20 *Snow White and the Seven Dwarfs*

p.066

정답	1 ④ 2 ② 3 ④ 4 animation at the time was difficult and expensive 5 folktale

지문 해석 〈백설공주와 일곱 난쟁이들〉은 유명한 설화이다. 그것은 백설공주, 일곱 난쟁이들, 그리고 사악한 마녀의 이야기이다. 수백 년 동안 부모들은 자녀들에게 그 이야기를 해주었다.

1934년에 Walt Disney는 그 이야기를 영화로 들려주기로 결정했다. 하지만 이것은 보통의 영화가 되려는 것이 아니었다. 아무도 그 영화에 나오지 않을 것이었다. Disney는 만화 영화를 만들고 싶어 했다. (Disney는 또한 〈증기선 윌리〉라는 영화도 만들었다.) Disney가 만화 제작자들에게 자신의 계획을 말했을 때 그들은 놀랐다. 모든 만화 제작자들이 그가 그것을 할 수 있을 거라고 생각했던 것은 아니다. 어쨌든 그 당시 만화 영화는 어렵고 돈이 많이 들었다.

Disney는 결코 자신의 꿈을 포기하지 않았다. 그래서 1937년, 〈백설공주와 일곱 난쟁이들〉이 영화관에서 개봉되었다. 그것은 83분 동안 계속되었고 역사상 최초의 장편 만화 영화였다. 그것은 엄청난 성공을 거두었다. 그것은 수백만 달러를 벌어들였고 그 당시 가장 성공한 영화가 되었다. 오늘날 전 세계 부모들과 아이들은 여전히 그 영화를 아주 좋아한다.

문제 해설 **1** 영화가 개봉된 것은 1937년이며(14행), 이미 유명한 설화를 만화 영화로 제작한 것으로(1~2행) 사람은 등장하지 않았다(9행). 또한 83분짜리 최초의 장편 만화 영화였다(15~16행). 따라서 ④ '그 영화는 만화로 제작되었다'만 내용과 일치한다.

① 그것은 1934년에 나왔다.

② Walt Disney가 그 이야기를 만들었다.

③ 영화 속에 몇몇 사람들이 등장했다.

⑤ 그것은 두 시간 넘게 상영된다.

2 Walt Disney가 〈백설공주와 일곱 난쟁이들〉을 만화 영화로 만들려고 했을 때 주위 반응들에 대한 내용이다. (b)는 Disney의 다른 영화를 언급하고 있으므로 흐름과 무관하다.

3 주위의 우려와 현실적인 어려움에도 불구하고 꿈을 포기하지 않았다는 언급으로 보아 Disney는 ④ '끈기 있는' 성격임을 알 수 있다. (14행)

4 일부 만화 제작자들이 Disney가 할 수 없을 거라고 생각했다는 내용 뒤에 당시 만화 영화는 어렵고 돈이 많이 들었다는 내용이 나온다. (12~13행)

Q: 일부 만화 제작자들은 왜 Disney의 계획에 부정적이었는가?

A: 그 당시 만화 영화는 어렵고 돈이 많이 들었기 때문에

5 '사람들이 수백 년 전에 했던 이야기'의 의미를 가진 단어는 folktale(전설, 설화)이다. (2행)

구문 해설　**04행**　**For hundreds of years**, parents **have told** the story to their children.

　　• 현재완료(have + p.p.)가 'for + 기간'과 함께 쓰이면 과거부터 지금까지 '~해왔다'라는 계속의 의미를 나타낸다.

11행　When Disney **told his animators his plan**, they were surprised.

　　• 〈tell + A(간접목적어) + B(직접목적어)〉는 'A에게 B를 말하다'의 의미이다.

12행　**Not every** animator thought [(*that*) he could do it].

　　• Not every는 부분 부정으로 '모두가 ~은 아니다'의 의미이다.

　　• [ ]는 thought의 목적어로 쓰인 명사절로, 접속사 that이 생략되었다.

---

focus On Sentences

p.068

Ⓐ **1** 생태 여행가들이 하려고 하는 것은 자신들이 방문하는 곳의 지역 주민들을 돕는 것이다.

2 그렇게 하면, 미래에 수백만 명의 사람들은 사람들이 지금 얻는 것과 같은 즐거움을 이 장소들로부터 얻게 될 것이다.

3 로봇은 자동으로 일할 수 있는 기계이다.

4 모든 만화 제작자들이 그가 그것을 할 수 있을 거라고 생각했던 것은 아니다.

Ⓑ **1** Why don't you try getting a job?

2 So stop asking your parents for money.

3 Therefore, they can work much longer than humans can.

Ⓒ **1** Lots of people these days are taking trips to exotic locations around the world.

2 They attempt to reduce their environmental footprints as much as possible, too.

3 The three D's stand for dirty, dangerous, and dull.

Words & Phrases

p.071

A

1 힘든	**2** 얇게 썰다	**3** 화난, 속상한	**4** 페달을 밟다	**5** 경쟁하다, 출전하다
6 customer	**7** create	**8** 깊은 인상을 주다	**9** thick	**10** thin
11 높이	**12** 마을	**13** common	**14** 기억할 만한	**15** 기리다, 공경하다
16 dead	**17** activity	**18** 자전거를 타다	**19** correct	**20** 타고 있는
21 (운동) 선수	**22** race	**23** 뛰어난	**24** bet	**25** 청중, 관중	**26** 불꽃
27 아주 작은	**28** perform	**29** 속임수; 재주	**30** cook	**31** shoot	**32** 창의적인
33 impressive	**34** 대회, 시합	**35** join	**36** past	**37** 상징	**38** ~에 타다
39 집다, 줍다	**40** 최소한			

B

1 show up   **2** get off   **3** get in shape   **4** put out   **5** take part in

21 The Toughest Race

p.072

> **정답** **1** ③   **2** ④   **3** ⑤   **4** athlete   **5** swim, run, 17

지문 해석 수영을 하던 그 사람은 해안에 도착해서 자전거를 향해 달린다. 그녀는 자전거를 타고 페달을 밟기 시작한다. 두어 시간 후 그녀는 자전거에서 내린다. 그런 다음, 그녀는 달리기 시작한다. 그녀는 세 시간 동안 달리기를 멈추지 않는다. 이 여성은 독특한 경기를 하고 있다. 그녀는 철인 3종 경기에 출전하고 있는 것이다.

철인 3종 경기는 세 가지 다른 활동들이 있는 경기이다. 보통 그것들은 수영, 자전거 타기, 달리기이다. 각 코스의 길이는 경기마다 다르다. 아이언맨 철인 3종 경기는 이런 경기들 중 가장 유명하고 힘들다. 먼저, 선수는 거의 4킬로미터를 수영한다. 그런 다음 180킬로미터를 자전거를 탄다. 마지막으로 그들은 42킬로미터를 달린다.

당신은 철인이 될 수 있다고 생각하는가? 당신은 매일 열심히 훈련을 해야 할 것이다. 또한 당신은 그 경기에 참가하기 위해 아주 좋은 몸 상태를 유지해야 할 것이다. 건강한 몸을 갖기 위해서는 올바른 음식을 먹어야 할 것이다. 그리고 당신은 아이언 맨 철인 3종 경기를 17시간 안에 마쳐야 할 것이다. 그러면 당신 또한 철인이 될 수 있다.

문제 해설 **1** 철인 3종 경기에서는 무엇을 해야하고, 참가하려면 어떤 노력들이 필요한지 소개하는 글이므로 ③ '철인 3종 경기를 하기 위해서는 무엇이 요구되는가'가 가장 알맞다.

① 철인 3종 경기는 어떻게 인기를 얻었는가

② 사람들은 왜 철인 3종 경기를 좋아하는가

④ 철인 3종 경기에서 기록을 세우는 방법

⑤ 어떤 철인 3종 경기가 가장 힘든가

2 8~9행에 경기 종목과 각 코스별 거리가 언급되어 있고 세 번째 단락에서 준비 사항과 완주 시간이 언급되어 있다. ④ '개최 장소'는 언급되어 있지 않다.

3 수영 4km + 자전거 타기 180km + 달리기 42km = 226km이다. (8~9행)

[문제] 철인 3종 경기는 거리가 얼마인가?

4 '운동 경기에 참가하는 사람'의 의미를 가진 단어는 athlete(운동 선수)이다. (8행)

5 아이언맨 철인 3종 경기에서 선수들은 <u>수영</u>, 자전거 타기, 그리고 <u>달리기</u>를 <u>17</u>시간 안에 해야 한다.

07행 The Ironman Triathlon is **the most famous and toughest of these events**.

- 〈최상급 + of + 복수명사〉는 '~들 중에서 가장 …한'의 뜻이다.

11행 You**'ll have to** get in excellent shape *to take* part in the race, too.

- '~해야 한다'라는 뜻의 have to에 will이 함께 쓰여 '~해야 할 것이다'라고 해석한다.
- to take는 to부정사의 부사적 용법으로 목적을 나타낸다.

22 Annie Oakley

p.074

정답	**1** ③ **2** ③ **3** ② **4** to shoot a cigar that was in her husband's mouth
	| *Summary* | bet, shooter, joined, skills

지문 해설 1881년, Frank Butler는 미국 오하이오 주의 신시내티를 방문했다. Butler는 뛰어난 사수였다. 그는 자신이 머물렀던 호텔의 주인과 내기를 했다. Butler는 자신이 그 도시의 어느 누구보다도 총을 더 잘 쏠 수 있다고 확신했다.

다음날, 소총을 가진 작은 소녀가 나타났다. 그녀의 이름은 Annie Oakley였다. Oakley와 Butler는 시합을 시작했다. 그들은 각자 연달아 총을 쏘았다. 그리고 Butler는 그의 스물 다섯 번째 발을 쏘지 못했다. 그는 시합에서 졌다. 하지만 그는 사랑에 빠졌다. 그는 일년 후 Oakley와 결혼했다.

Oakley는 미국에서 가장 유명한 사수들 중 한 명이었다. (B) 그녀와 Butler는 Buffalo Bill's Wild West 공연단에 합류했다. (A) 그것은 많은 훌륭한 사수들을 보유한 유랑쇼였다. (C) Oakley는 전 세계 사람들을 위해 공연했다. 그녀는 놀라운 총 솜씨로 관객들에게 깊은 인상을 남겼다. 그녀가 가장 좋아한 재주들 중 하나는 자신의 남편의 입에 문 시가를 쏘는 것이었다. 그녀는 또한 타고 있는 초를 쏴서 불꽃을 끌 수도 있었다.

문제 해설 **1** Oakley를 'a tiny girl'로 묘사한 것으로 보아 ③은 일치하지 않는 내용이다. (4행)

2 (A)의 It은 (B)의 Buffalo Bill's Wild West에 대한 설명이므로 (B)-(A)의 순서가 되어야 하며, (C)는 Buffalo Bill's Wild West에 합류한 이후의 내용이므로 (B)-(A)-(C)의 순서가 자연스럽다.

3 빈칸 앞의 시합에 졌다는 내용과 빈칸 뒤의 사랑에 빠졌다는 내용이 대조를 이루고 있으므로 ② '그러나'가 들어가야 알맞다.

    ① 그래서   ③ 또는   ④ 왜냐하면   ⑤ 만약

4 14~16행에 그녀가 가장 좋아한 재주들 중 하나가 언급되었다.

    Q: Annie Oakley가 가장 좋아한 재주는 무엇이었는가?

    A: 그것은 자신의 남편의 입에 문 시가를 쏘는 것이었다.

\| *Summary* \|

	내기 합류했다 기술들 사수	

Frank Butler는 한 호텔 주인과 내기를 했다. 그는 자신이 신시내티의 어떤 사수보다 더 뛰어나다고 생각했다. 그러나 Annie Oakley가 그보다 더 뛰어났다. 후에 Butler와 Oakley는 결혼했다. 그리고 나서 그들은 Buffalo Bill's Wild West 공연단에 합류했다. 그들은 세계를 여행하며 자신들의 총 쏘기 기술들을 뽐냈다.

구문 해설 03행 Butler **bet** that he could shoot *better than anyone* in the city.

- bet은 '틀림없이 ~라고 생각하다'의 의미이다.
- 〈비교급 than anyone〉는 '어느 누구보다도 더 ~한'이란 뜻으로 최상급의 의미를 지닌다.

    (= Butler bet that he could shoot best in the city.)

14행 One of her favorite tricks was **to shoot** *a cigar* [*that* was in her husband's mouth].

- to shoot은 주격보어로 쓰인 명사적 용법의 to부정사로 '쏘는 것'으로 해석한다.
- [ ]는 a cigar를 수식하는 주격 관계대명사절이다.

16행 She could also shoot **burning** candles and put out the flames.

- burning은 candles를 수식하는 현재분사로 '타고 있는'의 의미이다.

23 The First Potato Chips

정답	**1** ③	**2** ③	**3** (1) F (2) T	**4** 감자튀김이 너무 두꺼운 것	**5** potato chip, thinner

지문 해석 "웨이터, 내 음식에 문제가 있어요."라고 손님이 말했다. "이 감자튀김은 너무 두꺼워요. 다시 주방으로 가져가서 좀 더 얇은 감자튀김을 제게 가져다 주세요." 웨이터는 요리사에게 손님에 대해 말했다. 그래서 요리사는 감자를 좀 더 썰어 그것들을 튀겼다.

그러나 그 손님은 여전히 만족하지 않았다. "요리사에게 무슨 문제라도 있나요?"라고 그는 물었다. "이것들은 충분히 얇지 않아요. 나는 두꺼운 것이 아닌 얇은 감자를 원한다고요." 이제 요리사는 화가 났다. 그래서 그는 그 손님에게 아주 얇은 감자를 주기로 결심했다. (그 손님은 또한 음료를 한 잔 더 주문했다.) 그는 그 감자들을 종이만큼 얇게 잘랐다. 그런 다음 그것들을 기름에 던져 넣고 오랫동안 익혔다.

요리사는 그 감자를 손님에게 가져다 주었다. "이 정도면 충분히 얇은가요?"라고 그는 물었다. 손님은 감자를 보았다. 그는 하나를 집어 그것을 먹었다. 요리사는 손님을 기다렸다. 그 손님은 잠시 동안 생각했다.

"맛있군요. 좀 더 먹고 싶어요."라고 그는 말했다. 그리고 그렇게 해서 최초의 감자칩이 만들어졌다.

문제 해설 **1** 나온 요리에 만족하지 않고 계속해서 더 얇은 감자를 요구한 것으로 보아 ③ '까다로운' 성격임을 알 수 있다.

① 수줍음이 많은 　② 게으른 　④ 호기심이 많은 　⑤ 관대한

2 손님이 만족하지 않자 화가 난 요리사가 종이처럼 얇은 감자튀김을 만들기로 했다는 내용이므로 음료를 주문했다는 내용의 (c)는 흐름과 무관하다.

3 (1) 감자칩이 만들어지기 전의 일화로, 손님은 얇은 감자튀김(fried potatoes)을 주문했다. (1~3행)

(2) 감자튀김을 자꾸 다시 만들게 해서 요리사가 화가 났다고 했다. (7행)

(1) 그 손님은 감자칩을 주문했다.

(2) 요리사는 그 손님에게 화가 났다.

4 손님의 바로 다음 말에서 감자튀김이 너무 두꺼운 것이 문제임을 알 수 있다. (1~2행)

5 <u>감자칩</u>은 한 손님이 요리사에게 자신의 감자튀김을 <u>더 얇게</u> 만들어달라고 계속 요청하면서 우연히 발명되었다.

구문 해설 02행 Please take them back to the kitchen and **get me some thinner fried potatoes**.

- 〈get + A(간접목적어) + B(직접목적어)〉는 'A에게 B를 가져다주다'의 의미이다.

07행 So he **decided to *give*** the customer very thin potatoes.

- 〈decide + to-v〉는 '~하기로 결심하다'의 뜻이다.
- 〈give + A(간접목적어) + B(직접목적어)〉는 'A에게 B를 주다'의 의미이다.

14행 And that's **how** the first potato chip was made.

- how는 관계부사로서 앞에 선행사 the way가 생략되어 있다. the way와 how는 함께 쓰일 수 없고 반드시 둘 중 하나만 써야 한다. (= And that's **the way** the first potato chip was made.)

24 Totem Poles

1 ①, ③, ⑤　　**2** ①　　**3** ④　　**4** ravens, eagles, bears, and wolves
5 Totem poles, Native American

지문 해석　북미 북서부 지역은 캐나다와 미국을 포함한다. 많은 북미 원주민 부족들이 거기서 살고 있다. 이 부족들 중 일부는 수세기 동안 독특한 형태의 예술을 창조해 왔다. 그들이 만드는 작품들은 토템폴이다.

　토템폴들은 세계에서 가장 큰 예술 작품들 중 일부이다. 그것들은 커다란 나무의 몸통으로 만들어진다. 연필 향나무는 특히 널리 쓰인다. 대부분의 토템폴들은 높이가 최소 2미터이다. 어떤 것들은 높이가 20미터 이상 될 수도 있다. 높이 때문에 그것들 중 다수는 매우 인상적이다.

　모든 토템폴들은 무늬를 갖고 있다. 이 무늬들은 종종 이야기를 말해준다. 토템폴은 다양한 이유들로 만들어진다. 어떤 것들은 한 가족, 마을, 혹은 부족의 역사를 말해준다. 또 다른 것들은 고인이나 과거의 사건을 기리기 위해 만들어진다. 토템폴들은 또한 상징들도 갖고 있다. 흔한 상징들은 큰 까마귀, 독수리, 곰, 늑대와 같은 동물들이다. 토템폴을 만드는 사람들은 이런 상징들과 많은 다른 것들을 사용한다. 그런 다음 그들은 창의적이고 기억할 만한 작품들을 만든다.

문제 해설　**1** 토템폴은 수세기 동안 만들어져 왔으며(4~5행), 대부분이 최소 2미터이므로(9행) ②, ④는 내용과 일치하지 않는다.

2 ⓐ는 앞 문장의 Some of these tribes를 가리키고 나머지는 totem poles를 가리킨다.

3 토템폴을 만드는 이유는 가족, 마을, 부족의 역사를 말해주기 위해서, 또는 고인과 과거 사건들을 기리기 위해서이다.
(15~16행)
[문제] 글에 따르면, 일부 사람들이 토템폴을 만드는 이유는?
① 동물들을 겁주기 위해
② 관광객들을 끌기 위해
③ 결혼식을 축하하기 위해
④ 가족 역사를 말해주기 위해
⑤ 살아있는 사람들을 기리기 위해

4 17~18행에 토템폴의 상징으로 흔히 사용되는 동물들이 언급되어 있다.
Q: 어떤 동물들이 토템폴에서 상징으로 흔히 사용되는가?
A: 그것들은 큰 까마귀, 독수리, 곰, 늑대들이다.

5 토템폴은 북미 원주민들에 의해 만들어진 크고 나무로 된 기둥이다.

구문 해설　**03행**　Some of these tribes **have created** unique types of art **for centuries**.
　• 현재완료(have + p.p.)가 'for + 기간'과 함께 쓰이면 과거부터 지금까지 '~해왔다'라는 계속의 의미를 나타낸다.

06행　Totem poles are **some of the largest works of art** in the world.
　• '가장 ~한 것들 중 하나'는 〈one of the + 최상급 + 복수명사〉이지만, 주어인 Totem poles가 복수이므로 one 대신 some이 사용되었다. 해석하면 '가장 큰 예술 작품들 중 일부'가 된다.

16행　Others are made **to honor** a dead person or a past event.
　• to honor는 to부정사의 부사적 용법으로 목적을 나타낸다.

30 | 내공 중학영어독해 기본 2

A   **1** 철인 3종 경기는 세 가지 다른 활동들이 있는 경기이다.

     2 그는 자신이 머물렀던 호텔의 주인과 내기를 했다.

     3 그렇게 해서 최초의 감자칩이 만들어졌다.

     4 높이 때문에 그것들 중 다수는 매우 인상적이다.

B   **1** The next day, <u>a tiny girl with a rifle showed up</u>.

     2 He <u>cut the potatoes as thin as paper</u>.

     3 Totem poles are <u>some of the largest works of art</u> in the world.

C   **1** You'll have to get in excellent shape to <u>take</u> <u>part</u> <u>in</u> the race.

     2 He <u>picked</u> one <u>up</u> and ate it.

     3 Most totem poles are <u>at</u> <u>least</u> two meters high.

Words & Phrases p.083

A

1 spider	**2** 천, 옷감	**3** 빗방울	**4** 막다	**5** 그늘	**6** goddess
7 proud	**8** bright	**9** 다친	**10** 공격하다	**11** 흐르다	**12** forever
13 가능성, 기회	**14** 구부리다	**15** 흔하지 않은	**16** sunrise	**17** sunset	**18** 임무
19 제공하다	**20** 집주인	**21** 국경	**22** (옷감을) 짜다	**23** 비교하다	**24** form
25 pass	**26** battle	**27** bomb	**28** 방향	**29** 광경	**30** 나타나다
31 달의	**32** 언론인, 기자	**33** 주로	**34** plant	**35** 양	**36** yard
37 ~을 돌보다	**38** take a shower		**39** 기꺼이 ~하다		**40** 목숨을 걸다

B **1** brush your teeth   **2** get hurt   **3** no longer   **4** take, sides   **5** do the dishes

25 The First Spider p.084

> 정답   **1** ⑤   **2** ③   **3** ②   **4** Arachne, spider   **5** proud

지문 해석

고대 그리스에 Arachne라는 이름의 소녀가 살았다. 그녀는 베 짜기에 뛰어났다. (A) 그녀는 옷감에 많은 그림들을 짜 넣었다. (C) 사람들은 그녀의 옷감을 보고 그녀가 베를 잘 짜는 사람이라고 말했다. (B) Arachne는 거만해졌다. 그녀는 Athena보다 자신이 베를 더 잘 짠다고 말했다. Athena는 베를 잘 짜는 그리스 여신이었다.

Athena는 Arachne에 대한 이야기를 들었다. 그래서 그 여신은 그녀에게 시합을 신청했다. 그 둘은 하루 종일 베를 짰다. 그런 다음 그들은 결과물을 비교해 보았다. Athena의 옷감은 올림포스 산 위에 있는 그리스 신들을 보여주었다. 그들은 다양한 방식으로 인간들을 돕고 있었다. Arachne의 옷감 또한 신들을 보여주었다. 그러나 그녀의 그림은 그들을 조롱하는 것이었다.

Athena는 그 그림 때문에 화가 났다. 그녀는 Arachne에게 "네가 베를 짜고 싶다면 영원히 그렇게 해라"라고 말했다. 갑자기 Arachne의 몸이 변하기 시작했다. 그녀의 머리카락이 빠졌다. 그녀의 몸은 점점 더 작아졌다. 그녀가 변하기를 멈추었을 때, 그녀는 더 이상 사람이 아니었다. 그녀는 거미였다. 그리고 그것이 바로 거미들이 항상 거미줄을 치는 이유이다.

문제 해설

1 베를 잘 짜는 소녀 Arachne가 Athena 여신과 시합을 하면서 신들을 조롱한 벌로 거미가 되었다는 이야기이므로 ⑤ '여신과 인간의 시합'이 주제로 가장 알맞다.
① 거미는 어떻게 생겼는가
② 올림포스 산의 그리스 신들
③ Athena 여신의 힘
④ 사람들이 신에게 도전해서는 안 되는 이유

2 Arachne가 Athena보다 자신이 베를 더 잘 짠다고 말한 것을 듣고 Athena가 Arachne에게 시합을 신청했다. (3행~7행)
[문제] 글에 따르면, Athena가 Arachne에게 시합을 하자고 한 이유는?
① Arachne가 신들을 조롱했다.
② Arachne가 Athena의 말을 듣지 않았다.
③ Arachne가 자신이 Athena보다 베를 더 잘 짠다고 말했다.

④ Arachne가 사람들로 하여금 신들을 비웃게 만들었다.

⑤ Arachne가 Athena는 옷감을 짤 수 없다고 생각했다.

3 Arachne가 옷감에 그림을 짜서 넣자 사람들이 칭찬을 했고, 그 결과 그녀가 거만해진 것이므로 (A)-(C)-(B)의 순서가 되어야 자연스럽다.

4 Arachne가 짠 옷감의 그림을 보고 화가 난 Athena는 Arachne를 평생 줄을 치는 거미로 변하게 했다. (11~15행)

　　Q: Athena는 시합 마지막에 무엇을 했는가?

　　A: 그녀는 <u>Arachne</u>를 거미로 바꾸게 했다.

5 '당신이 다른 사람들보다 더 낫거나 중요하다고 느끼는'의 의미를 가진 단어는 proud(거만한)이다. (3행)

구문 해설 **01행** She **was excellent at** weaving.

- be good[excellent] at은 '~을[에] 잘하다[뛰어나다]'의 의미이다. 전치사 at의 목적어로 동명사 weaving이 쓰였다.

14행 When she **stopped changing**, she was no longer a person.

- 〈stop + -ing〉는 '~하는 것을 멈추다'의 의미이다.

15행 And **that is why** spiders weave all the time.

- that is why는 '그것이 바로 ~한 이유이다'의 의미이다. why 앞에 선행사 the reason이 생략되어 있다.

26 Rainbows

p.086

정답	**1** ③	**2** ④	**3** ②	**4** chance	**5** Red, sunrise, sunset

지문 해석　다음에 비가 그치고 해가 나올 때 밖에 나가서 위를 보라. 당신은 무지개를 보게 될 가능성이 높다. 무지개는 햇빛이 빗방울에 반사될 때 형성된다. 그러면 빛이 굴절되어서 햇빛은 그것이 가는 방향을 바꾼다. <u>그것은 우리가 무지개의 여러 다른 색깔들을 보게 해준다.</u> 많은 사람들이 무지개는 자연 세계의 다른 어떤 광경보다 더 아름답다고 말한다.

　　만약 운이 좋다면 당신은 보통의 무지개, 또는 1차 무지개라고 불리는 것을 보지 않을 것이다. 대신 훨씬 더 드문 형태를 보게 될 것이다. 때때로 쌍무지개가 나타난다. 이것들은 물방울 속에서 빛이 한 번이 아니라 두 번 반사될 때 생긴다. 훨씬 더 드문 것은 붉은 무지개이다. 그것은 일출이나 일몰 때만 볼 수 있다. 이 무지개들은 많은 색깔을 갖지 않고 오직 붉은색으로만 나타난다. 가장 드문 종류의 무지개는 낮 동안 나타나지 않는다. 그것들은 밤에 형성된다. 이는 달 무지개이다. 그것들은 보통 보름달이 뜨는 동안 형성되지만 대개 밝지는 않다.

문제 해설　**1** 무지개가 생기는 원리를 간단히 설명한 후 이를 바탕으로 ③ '다양한 종류의 무지개들'에 대해서 이야기하고 있다.

　　① 가장 드문 무지개

　　② 무지개를 볼 수 있는 곳

　　④ 가장 아름다운 무지개들

　　⑤ 자연 세계의 아름다운 광경들

2 주어진 문장의 That은 무지개에 여러 색깔이 생기는 이유를 가리키므로 무지개가 생기는 원리를 설명하는 부분의 마지막 문장 다음인 ④에 들어가는 것이 적절하다.

3 ③과 ⑤는 일반적인 무지개를 가리키는 이름이다. 가장 드문 무지개는 밤에 생기는 ② '달 무지개'이다. (11~13행)

4 '어떤 일이 일어날 가능성'의 의미를 가진 단어는 chance(가능성, 기회)이다.

5 <u>붉은 무지개는 일출이나 일몰 때만 나타나며 한 가지 색깔, 즉 붉은색만 띤다.</u>

01행 **The next time** it stops raining and the sun comes out, go outside and look up.
- the next time은 '다음에 ～할 때'란 뜻으로 뒤에 주어, 동사로 이루어진 절이 온다.

03행 Then, the light **gets bent**, so the light changes *the direction* [it goes].
- 수동태인 ⟨be + p.p.⟩ 대신 ⟨get + p.p.⟩가 쓰이기도 한다. 해석하면 '굴절되다'의 의미이다.
- [ ]는 the direction을 수식하는 형용사절이다.

04행 Many people say that a rainbow is **more beautiful than any other sight** in the natural world.
- ⟨비교급 + than any other + 단수명사⟩는 '다른 어떤 ～보다 더 …한'의 의미로 최상급의 의미를 나타낸다.

09행 **Even rarer** are red rainbows.
- even은 비교급 rarer를 강조하는 부사로서 '훨씬'이란 뜻이다.

27 Ecofriendly Homes

p.088

정답

1 ③　　**2** ④　　**3** ②　　**4** 에너지를 절약하고 환경을 돌보는 것

| *Summary* | ecofriendly, close, wind, turn off

지문 해석

에너지를 절약하고 환경을 돌보는 것은 중요하다. 사람들은 그 두 가지를 집에서 할 수 있다. 물론 모두가 집에 태양 전지판을 설치할 수는 없다. 하지만 집주인들이 그들이 사용하는 에너지 양을 줄일 수 있는 다른 방법들이 있다. 그렇게 함으로써 그들은 환경을 돌볼 수 있다.

한 가지 방법은 모든 문과 창문이 잘 닫혀있는지 확인하는 것이다. 약간 열린 문과 창문들도 공기가 들어오거나 나가게 할 수 있다. 그것은 난방비와 냉방비를 더 비싸게 만들 수 있다. 주택에 산다면 마당에 나무를 몇 그루 심어라. 나무들은 여름에 그늘을 제공해줄 수 있으므로 당신의 집은 더 시원해질 것이다. 겨울에는 그것들이 찬 바람을 막아줄 수 있으므로 당신의 집이 더 따뜻해질 것이다.

당신은 또한 물을 더 적게 쓰도록 해볼 수 있다. 샤워를 더 짧게 하라. 양치질을 하는 동안 물을 틀어놓지 마라. 당신이 설거지를 하는 동안에도 물이 흐르게 하지 마라. 이런 조언들을 시도해 보면 당신은 친환경적인 집을 가질 수 있을 것이다.

문제 해설

1 이 글은 에너지를 절약하여 친환경적인 집이 되기 위해 할 수 있는 방법들을 알려주고 있다. 따라서 ③ '당신의 집을 친환경적으로 만드는 방법'이 가장 알맞다.

[문제] 글의 제목으로 가장 알맞은 것은?
① 더 건강한 생활 방식으로 살기
② 친환경적인 생활 방식의 모든 것
④ 전 세계의 주택 경향
⑤ 태양 전지판이 당신의 집에 이로운 점들

2 모두가 집에 태양 전지판을 설치할 수는 없다고 했으므로 ④ '집에 태양 전지판을 설치하라'는 글의 조언에 해당하지 않는다. (2～3행)
① 샤워를 더 짧게 하라.
② 마당에 나무를 심어라.
③ 모든 문과 창문을 잘 닫아라.
⑤ 양치질을 하는 동안 물을 잠궈라.

3 주어진 문장은 냉난방비가 더 비싸진다는 결과에 해당하는 내용이므로 그 원인에 해당하는 문장 뒤인 ②가 적절하다.

4 바로 앞 문장에서 언급된 '에너지를 절약하고 환경을 돌보는 것'을 의미한다. (1행)

| Summary |

| | 바람 | 닫다 | 잠그다 | 친환경적인 | |

사람들이 <u>친환경적인</u> 집을 가질 수 있는 많은 방법들이 있다. 그들은 문과 창문을 잘 <u>닫아둘</u> 수 있다. 그들은 나무를 심을 수 있다. 그 나무들이 그늘을 제공하고 <u>바람</u>으로부터 집을 보호할 것이다. 사람들은 물을 더 적게 사용할 수 있다. 그들은 샤워를 더 짧게 할 수 있다. 그들은 양치질을 하고 설거지를 하는 동안 물을 <u>잠글</u> 수 있다.

구문 해설

01행 **It**'s important **to save energy and to take care of the environment**.
- It은 가주어, 뒤에 나오는 and로 연결된 두 개의 to부정사구가 진주어이다.

02행 Of course, **not everyone** can put solar panels on their homes.
- not everyone은 부분 부정으로 '모두가 ~은 아니다'의 의미이다.

03행 But there are **other ways** [homeowners can reduce the amount of *energy* {(*which*[*that*] they use}}].
- [ ]는 other ways를 수식하는 형용사절로, 관계부사 how가 생략되어 있다. 관계부사 how와 선행사 way(s)는 동시에 쓸 수 없다.
- { }는 energy를 수식하는 관계대명사절로, 목적격 관계대명사 which[that]가 생략되어 있다.

06행 One way is **to *make*** sure that all doors and windows <u>close</u> well.
- to make는 주격보어로 쓰인 명사적 용법의 to부정사이다.
- 〈make sure + to-v/that절〉은 '반드시 ~하다'의 의미이다.
- close는 자동사로 쓰여 '닫히다'의 의미이다.

11행 Don't **leave the water *running*** while you're brushing your teeth.
- 〈leave + 목적어 + 목적보어(형용사/현재분사/과거분사)〉는 '~을 … 상태로 두다'의 의미이다.
- running은 현재분사로서 '흐르는'의 의미이다.

28 Doctors Without Borders

| 정답 | **1** ⑤ **2** ⑤ **3** ① **4** Some French doctors and journalists **5** volunteer |

지문 해석 1971년에 나이지리아에서 내전이 있었다. 많은 사람들이 다쳤고 그들을 돌볼 의사들은 거의 없었다. 몇몇 프랑스 의사들과 언론인들은 돕기를 원했다. 그래서 그들은 아프고 다친 사람들을 돌볼 단체를 만들었다. 프랑스에서는 그 단체의 이름이 Médecins Sans Frontières이다. 영어 이름은 더 잘 알려져 있는데, 바로 '국경 없는 의사회(Doctors Without Borders)'이다.

(C) 그 단체는 처음에는 작았다. (B) 하지만 시간이 지날수록 그것은 더 커졌다. (A) 그것은 세계 각국의 사람들을 돌보기 시작했다. 그 단체는 전쟁이나 전투에서 편을 들지 않았다. 그 단체의 구성원들은 <u>사람들을 돕기만</u>을 원했다.

오늘날 수천 명의 의사들과 간호사들은 그 단체와 함께 70개국 이상에서 자원봉사를 한다. 그들은 주로 아프리카와 아시아에서 일한다. 하지만 '국경 없는 의사회'는 남미, 북미, 유럽의 사람들도 돕는다. 그 임무가 항상 쉬운 것은 아니다. 때때로 그들의 병원들은 폭격을 당하거나 공격을 당한다. 많은 자원봉사자들이 죽었다. 하지만 그 의사들과 간호사들은 다른 사람들을 돕기 위해 기꺼이 자신들의 목숨을 건다.

문제 해설 **1** '국경 없는 의사회'는 1971년에 나이지리아 내전을 계기로 설립되었으며(1~4행), 영어 명칭이 더 잘 알려져 있다(5행). 전쟁에서 편을 들지 않고(8행), 주로 아프리카와 아시아에서 일한다(11행). ⑤는 내용과 일치한다(15행).

2 시간이 지날수록 단체가 더 커졌다는 내용의 (B)가 But으로 시작되므로 처음에는 그 단체가 작았다는 내용의 (C) 뒤에 와야 한다. (A)는 단체가 커지면서 세계 각국 사람들을 돌보게 되었다는 내용이므로 (B) 뒤에 와야 자연스럽다. 따라서 (C)-(B)-(A)가 되어야 한다.

3 전쟁에서 편을 들지 않고 세계 각국의 아프고 다친 사람들을 돕는 것이 이 단체의 취지이므로 ① '사람들을 돕다'가 가장 적절하다.
② 돈을 벌다
③ 경력을 쌓다
④ 다른 나라에서 일하다
⑤ 자국을 위해 싸우다

4 1971년에 나이지리아 내전 당시 몇몇 프랑스 의사들과 언론인들이 아프고 다친 사람들을 돌보기 위해 만들었다.
Q: 누가 국경 없는 의사회를 시작했는가?
A: 몇몇 프랑스 의사들과 언론인들이 그것을 시작했다.

5 '돈을 목적으로 하지 않고 일하다'의 의미를 가진 단어는 volunteer(자원봉사를 하다)이다. (10행)
[문제] 다음 주어진 뜻을 가진 단어를 글에서 찾아 쓰시오.

구문 해설

01행 Many people got hurt, and there were **few** doctors *to care* for them.
- few는 셀 수 있는 명사 앞에 쓰여 '거의 없는'의 의미이다.
- to care는 doctors를 수식하는 형용사적 용법의 to부정사이다.

07행 But **the more** time passed, **the bigger** it became.
- 〈the + 비교급, the + 비교급〉은 '~할수록, 더 …하다'의 의미이다.

15행 But the doctors and nurses **are willing to risk** their lives *to help* others.
- 〈be willing to-v〉는 '기꺼이 ~하다'의 의미이다.
- to help는 to부정사의 부사적 용법으로 목적을 나타낸다.

focus **On** Sentences

p.092

A　**1** 그것이 바로 거미들이 항상 거미줄을 치는 이유이다.
　　2 에너지를 절약하고 환경을 돌보는 것은 중요하다.
　　3 당신이 설거지를 하는 동안 물이 흐르게 하지 마라.
　　4 더 많은 시간이 지날수록, 그것은 더 커졌다.

B　**1** So the goddess challenged her to a contest.
　　2 A rainbow is more beautiful than any other sight in the natural world.
　　3 That can cause heating and cooling bills to be more expensive.

C　**1** Her body became smaller and smaller.
　　2 When she stopped changing, she was no longer a person.
　　3 The doctors and nurses are willing to risk their lives to help others.

Words & Phrases

p.095

A

1 옷	**2** pond	**3** 잘 알려진	**4** 퍼지다	**5** (동·식물의) 종
6 남성[수컷]의	**7** 첨벙거리다; 뛰기다		**8** miss	**9** president	**10** 전통
11 일어나다	**12** 존재하다	**13** press	**14** 사진사	**15** insect	**16** 경치, 풍경
17 crop	**18** 조합, 결합	**19** 행동하다	**20** 구할 수 있는	**21** 물건, 물체	**22** 북동의
23 전자제품	**24** technology	**25** 만나다, 마주치다		**16** 노	**27** 못된; 사나운
28 pepper	**29** 여성[암컷]의	**30** delicious	**31** 직물, 옷감	**32** design	**33** 메뚜기
34 재료	**35** mate	**36** gray	**37** 줄무늬의	**38** zebra	**39** 당나귀
40 허락[허용]하다				

B   **1** take a picture   **2** get into   **3** put down   **4** After a while   **5** enjoy yourself

29 The Swamp Rabbit

p.096

> **정답**   **1** ②   **2** ⑤   **3** ①   **4** encounter

지문 해석   1979년 한 남성이 미국 조지아 주에 있는 자신의 농장에 있었다. 그는 낚시를 하러 가고 싶었다. 그래서 그는 배를 타고 연못으로 갔다. 밝고 화창한 날이었다. 그 남자는 매우 즐거운 시간을 보내고 있었다.

갑자기 그는 시끄러운 소리를 들었다. 물 속에 뭔가가 있었다. 그것은 첨벙거리며 이상한 소리를 내고 있었다. 그것은 화난 것 같은 소리였다. 그리고 그것은 배를 향해 헤엄쳐 오고 있었다. 그 남자는 유심히 쳐다보았다. 그것은 토끼였다. 하지만 그것은 귀엽고 하얀 토끼가 아니었다. 크고 사나운 늪토끼였다. 그리고 그것은 배에 올라타고 싶어했다.

그 토끼는 더 가까이 헤엄쳐 왔다. 남자는 노를 집어 들었다. 그는 토끼 근처로 물을 튀겼다. 그는 놓쳤다. 그리고 거듭해서 시도했다. 마침내 토끼는 포기하고 헤엄쳐 가버렸다. 미국 대통령 Jimmy Carter는 노를 내려놓았다. 그는 암살자 토끼와 마주친 것이었다. 대통령에게는 유감스럽게도 한 사진사가 그와 토끼의 사진을 찍었다. 그래서 많은 사람들이 그 일로 그를 비웃었다.

문제 해설   **1** 미국의 Carter 대통령이 사나운 늪토끼를 만나 쩔쩔 맨 일화를 소개하고 있다. 토끼가 배에 탄 그를 공격하려고 했고 이에 당황한 대통령이 토끼를 겨우 쫓아낸 상황이므로 ② '토끼에게 공격 당한 대통령'이 가장 알맞다.
   ① 대통령들이 휴가를 보내는 방법
   ③ Jimmy Carter 대통령의 취미들
   ④ 늪토끼와 그들의 행동
   ⑤ Jimmy Carter 대통령의 생애

2 Jimmy Carter 대통령이 어떤 느낌이었는지는 언급되지 않았다.
   ① 그의 직업은 무엇인가? (12~13행)
   ② 그의 이름은 무엇인가? (13행)
   ③ 그는 어디에 있었는가? (1~2행)
   ④ 그는 무엇을 하고 있었는가? (1~3행)
   ⑤ 나중에 그는 어떤 느낌이었는가? (언급되지 않음)

3 빈칸 앞은 남자가 토끼를 쫓기 위해 한 행동들이고 빈칸 뒤는 토끼가 포기하고 가버렸다는 내용이므로 ① '마침내'가 가장 알맞다.

   ② 대신에   ③ 그러나   ④ 게다가   ⑤ 다시 말해서

4 '누군가를 예상치 못하게 만나다'의 의미를 가진 단어는 encounter(우연히 마주치다)이다. (14행)

구문 해설   **05행**   It **sounded angry**.

- 〈sound + 형용사〉는 '~하게 들리다'의 의미이다. look, sound, taste, feel과 같은 감각동사 뒤에는 형용사가 온다.

13행   He **had just encountered** a killer rabbit.

- had just encountered는 과거완료(had + p.p.)로, 토끼와 마주친 것(had just encountered)이 토끼가 가버리고 노를 내려놓은(put down the oar) 것보다 먼저 일어났음을 나타낸다.

30 Fried Insects

정답
1 ④   **2** ③   **3** (1) T   (2) F   **4** (단백질 섭취를 위해) 곤충을 잡아서 요리한 것
5 grasshoppers, crickets, ants, and beetles

지문 해석   태국은 세계에서 가장 인기 있는 관광지들 중 하나이다. 전 세계의 사람들이 이 나라를 방문한다. 그들은 해변, 경치, 그리고 음식 때문에 그곳에 간다. 똠양꿍과 팟타이는 두 가지 유명한 태국 음식이다. 또 다른 것들로는 *jing leed*(귀뚜라미), *non mai*(나무좀), 그리고 *tak ga tan*(메뚜기)이 있다.

    그 세가지 음식은 곤충들의 이름이다. 그렇다. 태국에서는 사람들이 곤충을 먹는다. 태국 북동부 지역은 매우 덥고 건조하다. 그곳에서 농작물을 재배하고 동물들을 키우는 것은 어렵다. 그곳에 사는 태국 사람들은 먹을 단백질이 필요했다. 그래서 그들 중 다수가 곤충들을 잡아서 요리했다. 이러한 전통은 나중에 그 나라의 다른 지역들로 퍼졌다.

    오늘날 곤충 튀김은 태국 전역에서 인기 있는 음식이다. 당신은 복잡한 거리를 걸어가다가 곤충 한 봉지를 살 수 있다. 메뚜기, 귀뚜라미, 개미, 그리고 딱정벌레를 모두 구할 수 있다. 사람들은 다른 곤충들도 먹는다. 그것들 위에 후추와 간장만 좀 뿌리면 당신은 맛있는 간식을 즐길 수 있다.

문제 해설   **1** 태국에서 곤충 튀김을 먹는 문화에 대해 소개하는 글이므로 ④ '태국에서 곤충 튀김 먹기'가 적절한 제목이다.

     ① 태국 요리의 모든 것

     ② 태국으로 여행을 가자

     ③ 곤충: 미래의 먹거리

     ⑤ 태국에서 당신이 반드시 해야 하는 것들

2 덥고 건조한 날씨로 농작물과 가축을 기르기 어려운 북동부 지역에서 단백질을 보충하기 위해 곤충을 먹기 시작했다. (6~9행)

3 (1) 덥고 건조한 태국 북동부 지역에서 시작되어 다른 지역으로 퍼져나갔다. (6~10행)

    (2) 오늘날 곤충 튀김은 태국 전역에서 인기 있는 음식이라고 했다. (11행)

4 바로 앞 문장에 언급된 내용으로 '곤충을 잡아서 요리한 것'을 의미한다.

5 13~14행에 태국에서 먹을 수 있는 곤충들의 예가 언급되어 있다.

    Q: 태국에서 사람들이 먹는 수 있는 곤충들은 어떤 것들인가?

    A: 그것들은 <u>메뚜기, 귀뚜라미, 개미, 그리고 딱정벌레들</u>이다.

It's hard **to grow crops and raise animals there**.

- It은 가주어, to grow ~ there가 진주어이다.

07행 The Thai people **living there** needed protein *to eat*.

- living there은 The Thai people을 수식하는 현재분사구이다. 해석하면 '그곳에 사는 태국 사람들'의 의미이다.
- to eat은 protein을 수식하는 형용사적 용법의 to부정사이다.

31 3D-Printed Clothes

p.100

정답	**1** ②	**2** ③	**3** ⑤	**4** design, material	**5** 3D printer, textiles, clothes

지문 해석　Gucci, Armani, 그리고 Pierre Cardin은 의류 산업에서 유명한 세 가지 이름이다. 머지 않아 Electroloom도 또 다른 유명한 이름이 될지도 모른다. (잘 알려진 또 다른 의류 제조사는 Versace이다.) Electroloom은 미국 샌프란시스코에 있는 회사이다. 하지만 그 회사에는 다른 의류 제조사에 있는 것처럼 어떤 디자이너들도 없다. 그 이유는 Electroloom이 전자제품 제조사이기 때문이다. 그것은 3D 인쇄기를 만들어낸다.

　3D 인쇄는 새로운 종류의 기술이다. 그것은 사람들이 3차원의 물건들을 만들 수 있게 해준다. 대부분의 3D 인쇄기는 플라스틱, 종이, 세라믹 또는 금속으로 물건들을 만들어낼 수 있다. 하지만 Electroloom의 3D 인쇄기는 다르다. 그것은 직물로 물건을 만들 수 있다. 그래서 그것은 옷을 만들어낼 수 있다.

　매일 새로운 옷을 만드는 것을 상상해 보라. 3D 인쇄기가 있으면 그것은 쉬울 것이다. 그저 당신이 원하는 도안을 컴퓨터에 다운로드 하라. 그것이 당신에게 맞는 사이즈인지 확인해라. 그 인쇄기에 당신이 사용할 재료가 충분히 있는지 확인하라. 그런 다음, 인쇄 버튼을 눌러라. 잠시 후 당신의 옷이 준비될 것이다. 그 기술은 아직 완벽하지 않다. 하지만 조만간 그렇게 될 것이다.

문제 해설　**1** Electroloom은 전자제품 제조사로 ② '3D 인쇄기'를 만든다. (5~6행)

　　① 직물　　　　③ 의류 도안들　　　　④ 3D 인쇄기로 만든 옷　　　　⑤ 3D 인쇄기 재료들

2 이미 앞에서 유명 의류 회사들을 언급했고, Electroloom가 또 다른 유명한 이름이 될지 모른다는 내용인데, 뒤에 또 다른 유명 의류 제조사인 Versace를 언급하는 (c)는 흐름과 관계 없다.

3 be 뒤에 perfect가 생략되어 있으므로 it은 바로 앞 문장의 ⑤ the technology를 가리킨다.

4 3D 인쇄기로 옷을 만들기 위해서는 원하는 도안을 다운로드 해야 하고 충분한 재료를 갖고 있어야 한다.

　　Q: 사람들이 3D로 인쇄된 옷을 만들기 위해서는 무엇이 필요한가?

　　A: 그들은 도안과 충분한 재료가 필요하다.

5 Electroloom의 3D 인쇄기는 직물로 물건을 만들 수 있어서, 사람들이 그것을 사용하여 옷을 만들 수 있다.

구문 해설　**04행** It doesn't have any designers **like** other clothing makers *do* though.

- like는 접속사로서 '~처럼, ~같이'의 의미로 쓰였다.
- do는 대동사로 주절의 동사 have를 대신하고 있다.

05행 **The reason is that** Electroloom is an electronics manufacturer.

- The reason is that은 '그 이유는 ~이기 때문이다'의 의미이다.

07행 It **allows people to make** three-dimensional objects.

- 〈allow + 목적어 + to-v〉는 '~가 …하게 (허락)하다'의 의미이다.

14행 Check [**that** the printer has enough of *the material* {(*which*[*that*]) you are using}].

- [ ]는 Check의 목적어로 쓰인 명사절이다. 명사절 접속사 that은 생략할 수 있다.
- { }는 the material을 수식하는 관계대명사절로, 목적격 관계대명사 which[that]가 생략되었다.

32 Animal Hybrids

<table>
<tr><td rowspan="2">정답</td><td>1 ⑤   2 (1) T (2) F   3 ⑤   4 a combination of a grizzly bear and a polar bear</td></tr>
<tr><td>| Summary | hybrids, donkey, combination, wolfdog</td></tr>
</table>

지문 해석 때때로 두 가지 다른 종의 동물들이 짝짓기를 한다. 그들이 새끼를 낳으면 그것은 잡종이다. 세상에는 이런 잡종들이 흔히 생겨난다.

예를 들어 야생에서는 그롤라 곰이 존재한다. 이 잡종은 회색곰과 북극곰의 조합이다. 그롤라 곰은 북극곰 보다 작지만 회색곰보다는 크다. 그것은 또한 북극곰에 더 가깝게 행동한다. 수컷 당나귀와 암컷 말이 짝짓기를 할 수도 있다. 그들의 새끼는 노새이다. 그것은 암컷 말의 크기이며 농장에서 자주 이용된다.

반면에 수컷 사자와 암컷 호랑이를 합친 것은 바로 인간들이었다. 그 결과는 세계에서 가장 큰 고양이인 라이거였다. 얼룩말과 당나귀의 조합은 종키를 만들어낼 수 있다. 그것은 회색 몸이지만 줄무늬의 다리를 갖고 있다. 그리고 늑대개는 회색 늑대와 독일 세퍼드 같은 대형견 사이의 조합이다.

문제 해설

1 ⑤ '독일 세퍼드'는 늑대개가 될 수 있는 대형견의 예로 나왔을 뿐 잡종은 아니다. (12~14행)

[문제] 글에 따르면, 잡종이 아닌 동물은?

① 노새   ② 라이거   ③ 늑대개   ④ 종키

2 (1) 노새는 수컷 당나귀와 암컷 말의 조합이다. (6~7행)

(2) 종키는 다리에만 줄무늬가 있다. (11~12행)

(1) 노새는 수컷 당나귀와 암컷 말이 짝짓기한 결과이다.

(2) 종키는 온몸에 줄무늬가 있는 회색 몸을 갖고 있다.

3 빈칸 앞은 자연 발생적인 잡종 동물을, 빈칸 뒤는 인간이 인위적으로 만들어낸 잡종 동물을 언급하고 있으므로 ⑤ '반면에'가 가장 알맞다.

① 대신   ② 그러므로   ③ 예를 들어   ④ 다시 말하면

4 3~4행에 그롤라 곰에 대한 설명이 나와 있다.

Q: 그롤라 곰은 무엇인가?

A: 그것은 <u>회색곰과 북극곰의 조합</u>이다.

| *Summary* |

<table>
<tr><td>당나귀   잡종들   늑대개   조합</td></tr>
</table>

서로 다른 종의 동물들이 짝짓기를 하여 <u>잡종들</u>을 낳을 수 있다. 그롤라 곰은 회색곰과 북극곰의 짝짓기 결과이다. <u>당나귀</u>와 말은 노새를 낳을 수 있다. 라이거는 사자와 호랑이의 <u>조합</u>이다. 얼룩말과 당나귀는 종키를 낳을 수 있다. 그리고 <u>늑대개</u>는 회색 늑대와 대형견의 조합이다.

구문 해설 09행 On the other hand, **it was** humans **that** put a male lion and a female tiger together.

• 〈it is/was ~ that …〉은 강조 구문으로 '…은 바로 ~이다/였다'의 의미이다. 문장의 주어, 목적어, 보어, 부사구가 모두 강조될 수 있으며, 이 문장에서는 주어인 humans가 강조되었다.

focus On Sentences

Ⓐ 1 그곳에서 농작물을 재배하고 동물들을 키우는 것은 어렵다.

2 그 이유는 Electroloom이 전자제품 제조사이기 때문이다.

3 그것은 사람들이 3차원의 물건들을 만들 수 있게 해준다.

4 수컷 사자와 암컷 호랑이를 합친 것은 바로 인간들이었다.

Ⓑ 1 <u>The Thai people living there</u> needed protein to eat.

2 It doesn't have any designers <u>like other clothing makers do</u>.

3 Check that the printer has enough of <u>the material you are using</u>.

Ⓒ 1 The man was <u>enjoying</u> <u>himself</u> very much.

2 A photographer <u>took</u> <u>a</u> <u>picture</u> of him and the rabbit.

3 <u>With</u> a 3D printer, that will be easy.

WORKBOOK ANSWER KEYS

A
1 blind 눈이 먼　2 destroy 파괴하다
3 indoors 실내에서　4 handicap 장애
5 cheerful 쾌활한　6 fictional 허구의, 소설의
7 annual 매년 있는
8 breed 사육하다, 재배하다

B 1 ②　2 ②

C 1 comes up with　2 similar to
3 is known for

D 1 to see　2 to find
3 to lose

E 1 touched → touch[touching]
2 flied → fly[flying]
3 to come → come[coming]
4 burnt → burn[burning]

F 1 as expensive as my brother's computer
2 It takes time to change
3 will call you in a few days
4 have problems finishing their homework

A
1 climb 오르다, 등반하다
2 fail 실패하다　3 hesitate 주저하다
4 grab 붙잡다　5 constantly 끊임없이
6 attempt 시도　7 punch 주먹으로 치다
8 shore 해안

B 1 ④　2 ①

C 1 take care of　2 set a world record
3 pay for

D 1 for tourists to get　2 for you to try
3 for my sister to learn

E 1 not to miss　2 not to be late
3 not to forget　4 not to wake up

F 1 if I broke the vase
2 not to forget the accident
3 lets farmers plant rice more quickly
4 Brazil as well as Mexico

A
1 freezing 몹시 추운　2 entrance 입구
3 rotate 회전하다　4 treasure 보물
5 float 뜨다, 떠다니다　6 medicine 약
7 founder 설립자　8 well 우물

B 1 ②　2 ③

C 1 make a bet　2 disagrees with
3 in case

D 1 big enough to carry　2 rich enough to buy
3 sharp enough to cut　4 fast enough to catch

E 1 I need to know what your name is.
2 I don't know when he will come home.
3 It is important to know where you lost it.

F 1 That is why I failed the test.
2 too heavy for me to carry
3 one of the sweetest desserts in the world
4 both writes and sings songs

A
1 trail 산길, 오솔길　2 claim 주장하다
3 merchant 상인　4 mysterious 신비한
5 profit 이익을 얻다　6 order 명령하다
7 donate 기부하다　8 regret 후회하다

B 1 ④　2 ②

C 1 gave birth to　2 in trouble
3 pass through

D 1 It was so hot that we could not walk outside.
2 The children were so hungry that they ate all the food.
3 I was so tired that I fell asleep during the class.

E 1 where to go　2 how to use
3 what to eat

F 1 ordered his staff to finish the work
2 added her name to his list of friends
3 People call the cat Kitty.
4 feel like eating out tonight

A   **1** folktale 설화, 전설   **2** harm 해치다
    3 repetitive 반복적인   **4** destination 목적지
    5 conversation 대화   **6** allowance 용돈
    7 resident 주민   **8** generation 세대

B   **1** ④   **2** ①

C   **1** take a trip   **2** stands for
    3 rely on

D   **1** what she wants   **2** what you ordered
    3 What is important

E   **1** 내 친구들 모두가 그 파티에 온 것은 아니었다.
    2 모든 아이들이 운동하는 것을 좋아하는 것은 아니다.
    3 그 여행이 항상 즐거운 것은 아니었다.

F   **1** has the same menu as before
    2 Why don't you ask your brother
    3 learn as much as possible
    4 stop thinking of the girl

A   **1** dead 죽은   **2** tough 힘든
    3 memorable 기억할만한
    4 activity 활동   **5** village 마을
    6 customer 손님   **7** perform 공연하다
    8 cook 요리사

B   **1** ①   **2** ③

C   **1** get off   **2** take part in
    3 show up

D   **1** where Abraham Lincoln was born
    2 when my sister is getting married
    3 where we saw a famous actor

E   **1** because   **2** because of
    3 because   **4** Because of

F   **1** That's how the English came to
    2 A man with a big suitcase
    3 couldn't fall asleep because of the noise
    4 you should be at least 130cm tall

A   **1** bright 밝은   **2** border 국경
    3 sunrise 일출   **4** shade 그늘
    5 proud 자랑스러운; 거만한
    6 chance 가능성, 기회   **7** plant 심다
    8 compare 비교하다

B   **1** ③   **2** ④

C   **1** do the dishes   **2** takes sides
    3 brush your teeth

D   **1** taller than any other girl
    2 bigger than any other country
    3 more expensive than any other thing

E   **1** The more, the sicker
    2 The darker, the colder
    3 The harder, the better grades

F   **1** let the ball fall on the ground
    2 caused him to quit his job
    3 people are living longer and longer
    4 is always willing to help her friends

A   **1** miss 놓치다   **2** president 대통령
    3 splash 첨벙거리다; 튀기다
    4 pond 연못   **5** available 구할 수 있는
    6 species (동·식물의) 종
    7 spread 퍼지다
    8 encounter 만나다, 마주치다

B   **1** ②   **2** ①

C   **1** enjoyed themselves   **2** After a while
    3 put down

D   **1** given   **2** standing
    3 polluted   **4** designed

E   **1** It was Chris that threw the ball and broke the window.
    2 It was Cathy that I saw on my way to school.
    3 It is tomorrow that he is leaving for New York.

F   **1** It is dangerous to climb the mountain
    2 allows people to share their ideas and opinions
    3 The reason is that he donated
    4 She often takes pictures of herself.

MEMO

MEMO

MEMO

\ 내신공략! 독해공략! /

내공 중학영어독해

- 재미있고 유익한 소재의 **32개 지문**
- 중등 영어교과서 **핵심 문법** 연계
- 내신 대비 **서술형 문항** 강화
- 어휘·문법·구문 복습을 위한 **워크북** 제공
- 내신 기출 유형으로만 구성된 **추가 문항** 제공

온라인 학습자료 www.darakwon.co.kr

- MP3 파일
- 단어 테스트
- 지문 해석 Worksheet
- 단어 리스트
- Dictation Sheet
- Final Test 8회

문제 출제 프로그램 voca.darakwon.co.kr

- 다양한 형태의 단어 테스트 제작·출력 가능

다락원 홈페이지에서 본 교재의 상세 정보와
MP3 파일 및 부가학습 자료를 이용하실 수 있습니다.

내신공략! 독해공략!

내공
중학영어독해

기본2

Workbook

DARAKWON

UNIT **01** / REVIEW TEST

Vocabulary Practice

A 다음 영영풀이에 알맞은 단어를 골라 쓴 후 우리말 뜻을 쓰시오.

annual	blind	destroy	cheerful
fictional	indoors	handicap	breed

1 not being able to see _____ _____

2 to damage something very badly _____ _____

3 in or into a building _____ _____

4 a physical or mental disability _____ _____

5 behaving in a happy, friendly way _____ _____

6 invented for a book or story _____ _____

7 happening once a year _____ _____

8 to keep animals or plants to produce
babies or new plants _____ _____

B 밑줄 친 단어와 비슷한 의미의 단어를 고르시오.

1 Dolphins, dogs, and chimpanzees are very <u>intelligent</u> animals.

① silly ② smart ③ friendly ④ wonderful

2 He doesn't <u>mind</u> what other people say about him.

① like ② care ③ know ④ believe

C 다음 문장의 빈칸에 들어갈 알맞은 말을 골라 쓰시오.

similar to	comes up with	is known for

1 Sally always _____ great ideas.

2 Monkeys are _____ humans in many ways.

3 The bakery _____ its freshly baked bread and cakes.

D 다음 두 문장을 to부정사를 이용하여 한 문장으로 바꾸시오.

1 She saw him again. She was very glad.

→ She was very glad _____ _____ him again.

2 I found a ring in the box. I was surprised.

→ I was surprised _____ _____ a ring in the box.

3 We feel disappointed. We lost the game.

→ We feel disappointed _____ _____ the game.

E 다음 문장에서 틀린 부분을 바르게 고치시오.

1 I felt somebody touched my hand.   _____ → _____

2 Did you see the bird flied in the sky?   _____ → _____

3 They heard their dog to come.   _____ → _____

4 Jane smelled something burnt.   _____ → _____

Writing Practice

F 우리말과 같은 뜻이 되도록 주어진 말을 바르게 배열하시오.

1 내 카메라는 내 남동생의 컴퓨터만큼 비싸다. (computer, as, brother's, expensive, my, as)

My camera is _____.

2 습관을 바꾸려면 시간이 걸린다. (takes, change, to, time, it)

_____ habits.

3 며칠 후 너에게 전화할게. (call, in, few, you, days, a, will)

I _____.

4 몇몇 학생들은 그들의 숙제를 끝내는데 어려움을 겪는다.

(finishing, problems, homework, have, their)

Some students _____

UNIT 02 / REVIEW TEST

A 다음 영영풀이에 알맞은 단어를 골라 쓴 후 우리말 뜻을 쓰시오.

hesitate	shore	constantly	attempt
fail	punch	climb	grab

1 to move toward the top of something high　　　_____ _____

2 not to succeed in doing something　　　_____ _____

3 to be unwilling to do something　　　_____ _____

4 to quickly take hold of something　　　_____ _____

5 always or regularly　　　_____ _____

6 the act of trying to do something　　　_____ _____

7 to hit someone or something with your fist　　　_____ _____

8 the closest land to a lake or ocean　　　_____ _____

B 밑줄 친 단어와 비슷한 의미의 단어를 고르시오.

1 The vampire story is very <u>scary</u>.

　① sad　　　② amazing　　　③ interesting　　　④ frightening

2 The city planned to make a <u>giant</u> Christmas tree.

　① huge　　　② bright　　　③ special　　　④ colorful

C 다음 문장의 빈칸에 들어갈 알맞은 말을 골라 쓰시오.

pay for	take care of	set a world record

1 My neighbor often asks me to _____ his dog.

2 He _____ at the 2014 Winter Olympics.

3 Can I _____ it with a credit card?

D 우리말과 같은 뜻이 되도록 문장을 완성하시오.

1 관광객들이 정보를 얻는 것은 도움이 된다.

It is helpful _____ _____ _____ _____ information.

2 네가 새로운 것을 시도하는 것은 매우 중요하다.

It is very important _____ _____ _____ _____ new things.

3 내 여동생이 자전거 타는 법을 배우는 것은 어려웠다.

It was difficult _____ _____ _____ _____ _____ how to ride a bike.

E 다음 (   ) 안의 말과 to부정사를 이용하여 문장을 완성하시오.

1 I hurried _____ the train. (not, miss)

2 He promised _____ for the class. (not, late)

3 She writes down everything _____. (not, forget)

4 They spoke quietly _____ the baby. (not, wake up)

Writing Practice

F 우리말과 같은 뜻이 되도록 주어진 말을 바르게 배열하시오.

1 엄마는 내가 그 화병을 깼는지 물으셨다. (the, I, vase, if, broke)

My mother asked _____.

2 그녀는 사람들이 그 사건을 잊지 않기를 원했다. (accident, not, the, forget, to)

She wanted people _____.

3 이 기계는 농부들이 벼를 더 빨리 심을 수 있게 해준다.
(quickly, rice, farmers, lets, more, plant)

This machine _____.

4 우리는 멕시코뿐 만 아니라 브라질도 방문했다. (Mexico, as, Brazil, as, well)

We visited _____.

UNIT **03** / REVIEW TEST

A 다음 영영풀이에 알맞은 단어를 골라 쓴 후 우리말 뜻을 쓰시오.

float	treasure	well	medicine
founder	entrance	rotate	freezing

1 very cold

_____ _____

2 the part of a place where people go in

_____ _____

3 to move in a circle around a central point

_____ _____

4 a group of valuable things

_____ _____

5 to stay or move on the surface of water

_____ _____

6 a substance used to treat illness

_____ _____

7 someone who starts a school, business, etc.

_____ _____

8 a hole in the ground where people get water

_____ _____

B 밑줄 친 단어와 비슷한 의미의 단어를 고르시오.

1 Who is your favorite <u>author</u>?

① actor   ② writer   ③ painter   ④ director

2 In summer, the temperature can sometimes <u>reach</u> up to 40 degrees Celsius.

① pull   ② trap   ③ get   ④ drop

C 다음 문장의 빈칸에 들어갈 알맞은 말을 골라 쓰시오.

in case	make a bet	disagrees with

1 Albert wants to _____ on something today.

2 My brother always _____ me.

3 I will draw a map for you _____ you can't find my house.

D 다음 밑줄 친 부분을 어법에 맞게 고쳐 쓰시오.

1 Your bag is big enough carrying these books. ＿＿＿＿＿＿＿＿＿

2 Her parents are enough rich to buy her a car. ＿＿＿＿＿＿＿＿＿

3 This knife is not sharp enough cut the onion. ＿＿＿＿＿＿＿＿＿

4 She ran enough fast to catch the thief. ＿＿＿＿＿＿＿＿＿

E 다음 두 문장을 한 문장으로 만드시오.

1 I need to know. + What is your name?

→ ＿＿＿＿＿＿＿＿＿＿＿＿＿＿＿＿＿＿＿＿＿＿

2 I don't know. + When will he come home?

→ ＿＿＿＿＿＿＿＿＿＿＿＿＿＿＿＿＿＿＿＿＿＿

3 It is important to know. + Where did you lose it?

→ ＿＿＿＿＿＿＿＿＿＿＿＿＿＿＿＿＿＿＿＿＿＿

Writing Practice

F 우리말과 같은 뜻이 되도록 주어진 말을 바르게 배열하시오.

1 나는 열심히 공부하지 않았다. 그것이 바로 내가 시험에 떨어진 이유이다.
(I, is, the, failed, why, that, test)

I didn't study hard. ＿＿＿＿＿＿＿＿＿＿＿＿＿＿＿＿

2 이 소파는 내가 운반하기에 너무 무겁다. (to, heavy, too, carry, me, for)

This sofa is ＿＿＿＿＿＿＿＿＿＿＿＿＿＿＿＿ .

3 티라미수는 세상에서 가장 달콤한 디저트들 중 하나이다.
(sweetest, of, the, desserts, world, the, one, in)

Tiramisu is ＿＿＿＿＿＿＿＿＿＿＿＿＿＿＿＿ .

4 그 음악가는 곡을 쓰기도 하고 부르기도 한다. (songs, writes, both, and, sings)

The musician ＿＿＿＿＿＿＿＿＿＿＿＿＿＿＿＿ .

UNIT **04** / REVIEW TEST

A 다음 영영풀이에 알맞은 단어를 골라 쓴 후 우리말 뜻을 쓰시오.

trail	mysterious	profit	claim
donate	regret	order	merchant

1 a path through the countryside or a forest _____ _____

2 to say that something is true _____ _____

3 someone who buys and sells goods _____ _____

4 not explained or understood _____ _____

5 to get money from something _____ _____

6 to tell someone to do something _____ _____

7 to give money or goods to help people _____ _____

8 to feel sorry about something you have done _____ _____

B 밑줄 친 단어와 비슷한 의미의 단어를 고르시오.

1 The trip was a <u>pleasant</u> experience for everyone.

① special   ② terrible   ③ surprising   ④ enjoyable

2 He <u>realized</u> that he had made a big mistake.

① told   ② learned   ③ explained   ④ forget

C 다음 문장의 빈칸에 들어갈 알맞은 말을 골라 쓰시오.

in trouble	pass through	gave birth to

1 Last month, my dog _____ five puppies.

2 The man helped a girl who was _____ .

3 About 200 trains _____ the tunnel each day.

D 다음 두 문장을 **so ~ that** ··· 구문을 이용하여 한 문장으로 바꿔 쓰시오.

1 It was too hot. We could not walk outside.

→ _____

2 The children were very hungry. They ate all the food.

→ _____

3 I was very tired. I fell asleep during the class.

→ _____

E 우리말과 같은 뜻이 되도록 문장을 완성하시오.

1 그 남자는 우리에게 어디로 가야 할지 말해주었다.

The man told us _____ _____ _____ .

2 이걸 어떻게 사용하는지 기억하니?

Do you remember _____ _____ _____ this?

3 우리는 그 식당에서 무엇을 먹을지 결정하지 못했다.

We couldn't decide _____ _____ _____ at the restaurant.

Writing Practice

F 우리말과 같은 뜻이 되도록 주어진 말을 바르게 배열하시오.

1 상사는 그의 직원들에게 그 일을 여섯 시까지 끝내라고 명령했다.
(staff, the, finish, ordered, to, his, work)

The boss _____ by six.

2 John은 그녀의 이름을 친구 목록에 추가했다. (her, his, to, name, added, list of friends)

John _____ .

3 사람들은 그 고양이를 Kitty라고 부른다. (people, Kitty, the, call, cat)

_____

4 오늘 밤 외식하고 싶니? (tonight, like, eating, feel, out)

Do you _____ ?

UNIT 05 / REVIEW TEST

A 다음 영영풀이에 알맞은 단어를 골라 쓴 후 우리말 뜻을 쓰시오.

generation	resident	folktale	conversation
harm	repetitive	allowance	destination

1 an old traditional story _____ _____

2 to damage something _____ _____

3 doing the same thing again and again _____ _____

4 the place where someone is going _____ _____

5 a talk between two or more people _____ _____

6 money given to someone regularly _____ _____

7 someone who lives in a particular place _____ _____

8 a group of people who are of a similar age _____ _____

B 밑줄 친 단어와 비슷한 의미의 단어를 고르시오.

1 Planting trees can <u>reduce</u> air pollution.

① last   ② cause   ③ release   ④ decrease

2 Living in a small town can be very <u>dull</u>.

① boring   ② exciting   ③ peaceful   ④ dangerous

C 다음 문장의 빈칸에 들어갈 알맞은 말을 골라 쓰시오.

rely on	stands for	take a trip

1 One of my hobbies is to _____.

2 CIA _____ Central Intelligence Agency.

3 Many people _____ the Internet for news and other information.

D 우리말과 같은 뜻이 되도록 (   ) 안의 말을 이용하여 문장을 완성하시오.

1 나는 그녀가 원하는 것을 모르겠다. (want)

I don't know _____ _____ _____ .

2 이것이 네가 그 식당에서 주문한 것이니? (order)

Is this _____ _____ _____ at the restaurant?

3 중요한 것은 우리가 열쇠를 갖고 있지 않다는 것이다. (important)

_____ _____ _____ is that we don't have the key.

E 다음 밑줄 친 부분에 유의하여 우리말로 해석하시오.

1 Not all of my friends came to the party.

→ _____

2 Not every kid likes to play sports.

→ _____

3 The trip was not always enjoyable.

→ _____

Writing Practice

F 우리말과 같은 뜻이 되도록 주어진 말을 바르게 배열하시오.

1 이 오래된 식당은 전과 같은 메뉴를 아직도 갖고 있다. (the, has, menu, as, before, same)

This old restaurant still _____ .

2 네 형에게 조언을 구해보면 어떨까? (you, why, your, ask, don't, brother)

_____ for advice?

3 가능한 많이 배우도록 노력하세요. (as, learn, as, possible, much)

Please try to _____ .

4 나는 그 소녀에 대한 생각을 멈출 수가 없다. (girl, of, thinking, stop, the)

I just can't _____ .

UNIT **06** / REVIEW TEST

A 다음 영영풀이에 알맞은 단어를 골라 쓴 후 우리말 뜻을 쓰시오.

cook	perform	memorable	village
dead	activity	customer	tough

1 no longer alive

_____ _____

2 difficult to do

_____ _____

3 worth remembering

_____ _____

4 something that you spend time doing

_____ _____

5 a small town in the countryside

_____ _____

6 someone who buys goods or services

_____ _____

7 to do something in front of an audience

_____ _____

8 someone who cooks food as his or her job

_____ _____

B 밑줄 친 단어와 비슷한 의미의 단어를 고르시오.

1 Your answer to this question is not <u>correct</u>.

① right   ② simple   ③ wrong   ④ difficult

2 The airline is famous for its <u>outstanding</u> service.

① awful   ② original   ③ excellent   ④ expensive

C 다음 문장의 빈칸에 들어갈 알맞은 말을 골라 쓰시오.

get off	show up	take part in

1 Don't forget to _____ at the next stop.

2 Mike practiced hard to _____ the race.

3 She didn't _____ on time because she missed the bus.

D 다음 두 문장을 관계부사를 이용하여 한 문장으로 바꾸시오.

1 This is the house. Abraham Lincoln was born in this house.

→ This is the house _____.

2 Today is the day. My sister is getting married today.

→ Today is the day _____.

3 This is the store. We saw a famous actor at the store.

→ This is the store _____.

E 다음 문장의 빈칸에 **because** 또는 **because of**를 쓰시오.

1 I was hungry _____ I didn't have lunch.

2 Everyone likes Kevin _____ his great personality.

3 We went on a picnic _____ the weather was so nice.

4 _____ the heavy fog, all the flights have been canceled.

Writing Practice

F 우리말과 같은 뜻이 되도록 주어진 말을 바르게 배열하시오.

1 그렇게 해서 영국인들은 미국에 왔다. (came, how, English, that's, the, to)

_____ America.

2 큰 여행 가방을 든 남자가 택시에 타고 있다. (man, suitcase, a, with, big, a)

_____ is getting into a taxi.

3 소음 때문에 우리는 잠이 들 수가 없었다. (because, fall, the, noise, asleep, of, couldn't)

We _____.

4 롤러코스터를 타려면 너는 키가 최소한 130센티미터여야 한다.

(tall, at, should, you, be, least, 130cm)

To ride the rollercoaster, _____.

UNIT 07 / REVIEW TEST

A 다음 영영풀이에 알맞은 단어를 골라 쓴 후 우리말 뜻을 쓰시오.

sunrise	compare	bright	shade
proud	plant	border	chance

1 full of light; shining _____ _____

2 the official line that separates two countries _____ _____

3 the time when the sun first appears in the sky _____ _____

4 a dark area where sunlight does not reach _____ _____

5 feeling that you are better than other people _____ _____

6 an opportunity to do something _____ _____

7 to put trees, plants, or seeds in soil _____ _____

8 to examine the differences or similarities between two things _____ _____

B 밑줄 친 단어와 비슷한 의미의 단어를 고르시오.

1 Earthquakes are <u>uncommon</u> in this country.

① serious ② popular ③ unusual ④ harmful

2 Bats <u>mostly</u> sleep during the day and hunt at night.

① rarely ② clearly ③ shortly ④ usually

C 다음 문장의 빈칸에 들어갈 알맞은 말을 골라 쓰시오.

take sides	do the dishes	brush your teeth

1 It's your turn to _____ tonight.

2 I don't want to _____ in this matter.

3 It is important to _____ after meals.

D 다음 두 문장의 뜻이 같도록 비교급 표현을 사용하여 문장을 완성하시오.

1 Sally is the tallest girl in the class.

= Sally is _____ in the class.

2 Russia is the biggest country in the world.

= Russia is _____ in the world.

3 This ring is the most expensive thing in the store.

= This ring is _____ in the store.

E 다음 우리말과 같은 뜻이 되도록 ( ) 안의 말을 이용하여 문장을 완성하시오.

1 더 많이 먹을수록, 나는 더 아팠다. (much, sick)

_____ I ate, _____ I got.

2 날이 더 어두워질수록, 우리는 더 추위를 느꼈다. (dark, cold)

_____ it grew, _____ we felt.

3 더 열심히 공부할수록, 너는 더 좋은 점수를 받을 것이다. (hard, good grades)

_____ you study, _____ you will get.

Writing Practice

F 우리말과 같은 뜻이 되도록 주어진 말을 바르게 배열하시오.

1 공이 땅에 떨어지지 않도록 해라. (let, the, fall, ground, the, on, ball)

Try not to _____ .

2 그의 병으로 그는 직장을 그만두었다. (job, his, caused, quit, him, to)

His illness _____ .

3 의학의 발달로 사람들은 점점 더 오래 살고 있다. (living, people, longer, longer, and, are)

With advances in medicine, _____ .

4 Diane은 항상 기꺼이 자신의 친구들을 도우려 한다.

(friends, always, willing, help, to, her, is)

Diane _____ .

UNIT 08 / REVIEW TEST

A 다음 영영풀이에 알맞은 단어를 골라 쓴 후 우리말 뜻을 쓰시오.

miss	pond	president	available
splash	spread	species	encounter

1 to fail to catch something _____ _____

2 the political leader of a country _____ _____

3 to hit water in a noisy way _____ _____

4 an area of water smaller than a lake _____ _____

5 able to be bought or used _____ _____

6 a group of similar plants or animals _____ _____

7 to gradually affect a large area _____ _____

8 to meet someone unexpectedly _____ _____

B 밑줄 친 단어와 비슷한 의미의 단어를 고르시오.

1 You may not know this, but this is a <u>well known</u> food here.

① delicious ② famous ③ common ④ traditional

2 The <u>scenery</u> was so beautiful that I didn't want to leave.

① view ② sky ③ building ④ weather

C 다음 문장의 빈칸에 들어갈 알맞은 말을 골라 쓰시오.

put down	after a while	enjoyed themselves

1 All the people _____ at the picnic.

2 _____, she stopped crying and calmed down.

3 Time is over. Please stop writing and _____ your pen.

[현재분사/과거분사 · It is/was ~ that … 강조 구문]

D 괄호 안에 주어진 단어 중 알맞은 것을 고르시오.

1 My (giving, given) name is Thomas.

2 Do you know the girl (standing, stood) at the bus stop?

3 Many fish died because of the (polluting, polluted) water.

4 In Barcelona, there are many buildings (designing, designed) by Gaudi.

E 다음 밑줄 친 부분을 강조하는 문장으로 다시 쓰시오.

1 <u>Chris</u> threw the ball and broke the window.

→ _____

2 I saw <u>Cathy</u> on my way to school.

→ _____

3 He is leaving for New York <u>tomorrow</u>.

→ _____

Writing Practice

F 우리말과 같은 뜻이 되도록 주어진 말을 바르게 배열하시오.

1 아무런 안전장비 없이 그 산을 오르는 것은 위험하다.
(dangerous, mountain, is, climb, it, to, the)

_____ without any safety equipment.

2 소셜미디어는 사람들이 그들의 생각과 의견들을 공유할 수 있게 해준다.
(share, people, ideas, to, allows, opinions, and, their)

Social media _____.

3 그 이유는 그가 자선단체에 많은 돈을 기부했기 때문이다. (is, the, donated, reason, he, that)

_____ a lot of money to charity.

4 그녀는 종종 자신의 사진을 찍는다. (often, pictures, she, herself, takes, of)

_____

MEMO

MEMO

MEMO

MEMO